Colum McCann

Briefe an junge Autoren

Mit praktischen und
philosophischen Ratschlägen

Aus dem Englischen von
Thomas Überhoff

Rowohlt Taschenbuch Verlag

Deutsche Erstausgabe
Veröffentlicht im Rowohlt Taschenbuch Verlag,
Reinbek bei Hamburg, Juni 2017
Copyright © 2017 by Rowohlt Verlag GmbH,
Reinbek bei Hamburg
«Letters to a Young Writer» Copyright © 2017 by Colum McCann
Redaktion Katrin Aé
Umschlaggestaltung any.way, Walter Hellmann
Umschlagabbildung IvelinRadkov/iStockphoto.com
Satz Fournier MT bei
Pinkuin Satz und Datentechnik, Berlin
Druck und Bindung CPI books GmbH,
Leck, Germany
ISBN 978 3 499 29140 1

Für Jennifer Raab, Savah Chalfant, Alexandra Pringle und Jennifer Hershey. Und für all die jungen Autorinnen und Autoren

Inhalt

Einführung:
Die unsagbaren Ekstasen

«Niemand kann Ihnen raten und helfen, niemand», sagte Rilke vor über einem Jahrhundert in *Briefe an einen jungen Dichter*. «Es gibt nur ein einziges Mittel. Gehen Sie in sich.»

Natürlich hatte Rilke recht. Man kann sich nur selbst helfen. Am Ende läuft alles darauf hinaus, wie das Wort auf der Seite wirkt, nicht zu reden vom nächsten und vom übernächsten Wort. Doch Rilke war angetan vom Ersuchen des jungen Schriftstellers, und im Verlauf von sechs Jahren wechselte er zehn Briefe mit Franz Xaver Kappus. Hauptsächlich beriet er ihn in Sachen Religion, Liebe, Frauenfragen, Sex, Kunst, Einsamkeit und Geduld, aber er ging auch auf das Dichterleben ein und darauf, wie diese Dinge die Worte auf der Seite gestalten mochten.

«Dieses vor allem», sagte er, «fragen Sie sich in

der stillsten Stunde Ihrer Nacht: *Muss* ich schreiben?»

Jeder, der einmal den Drang zu schreiben verspürt hat, kennt diese stille Stunde. In meinem Leben als Schriftsteller und Literaturlehrer war ich schon mit vielen solchen Menschen – und Stunden – konfrontiert. Jedes Jahr leite ich mein Schreibseminar am Hunter College mit der Feststellung ein, ich sähe mich außerstande, den Studenten überhaupt irgendetwas beizubringen. Dies mag ein kleiner Schock für die zwölf jungen Frauen und Männer sein, die den Entschluss gefasst haben, sich jener aufreibenden, düsteren Kunst zu widmen. Es sind mit die klügsten jungen Autoren Amerikas, sechs im ersten, sechs im zweiten Studienjahr, ausgewählt aus Hunderten. Meine alljährliche Eröffnungsansprache an sie soll keine Entmutigung sein. Ich hoffe, sie ist das genaue Gegenteil. *Ich kann Ihnen nichts beibringen. Nun, da Sie dies wissen, gehen Sie hin und lernen.* Am Ende führe ich sie in der Hoffnung ans Feuer, dass sie schon merken werden, wo sie sich höchstwahrscheinlich verbrennen. Aber der Ausflug erfolgt auch in der Hoffnung, dass sie mit Feuer umzugehen und es weiterzugeben lernen.

Einer der besten Orte für junge Autorinnen und Autoren ist der mit dem Gesicht zur brennenden Wand, und nur Mumm, Verlangen und Beharrlichkeit bringen sie auf die andere Seite. Tatsächlich kommen meine Studenten dort auch hin: manche graben Tunnel, manche klettern, andere reißen die Wand einfach ein. Nicht mit meiner Hilfe, sondern indem sie, à la Rilke, richtig in sich gehen. Ich unterrichte nun seit beinahe zwanzig Jahren. Das ist viel Kreide und Rotstift. Nicht immer hat es Spaß gemacht, aber meistens schon, und die Erfahrung möchte ich um keinen Preis missen. Ein Student hat den National Book Award gewonnen. Ein anderer den Booker-Preis. Guggenheim-Stipendien. Pushcart-Preise. Mentorenrollen. Freundschaften. Aber seien wir ehrlich, es gab auch Burnouts. Es gab Heulen und Zähneklappern. Es gab rauschende Abgänge. Zusammenbrüche. Reue.

Die Wahrheit ist, dass ich nur ein Sparringspartner bin. Übung und Erfahrung garantieren keine überlegene Position. Es ist jederzeit möglich, dass ein Student oder eine Studentin von Anfang an viel mehr weiß als ich. Deshalb ist es meine einzige Hoffnung, ihnen im Verlauf von vier Semestern vielleicht das eine oder andere vermitteln zu können, das ihnen ein bisschen Zeit und Kummer erspart.

Ausnahmslos streben all diese Studenten danach, um es mit Rilke zu sagen, «unsagbaren Ekstasen Ausdruck zu verleihen». Unsagbare Ekstasen, in der Tat. Das ist ihre Aufgabe. Die Fähigkeit aufzubringen, an das Schwierige zu glauben. Zäh um die Erkenntnis zu ringen, dass Erfolg Zeit und Geduld braucht.

Vor nicht allzu langer Zeit bat mich StoryPrize. org um einen kurzen Text über das Leben als Schriftsteller. Ich mischte ein paar Gedanken zusammen, würzte mit ein bisschen Credo und rührte schließlich noch hinein, was ich aus dem Spültuch meiner Tage als Lehrer an Weisheit wringen konnte. Das Ergebnis betitelte ich mit «Brief an einen jungen Autor». Es ergab den ersten Eintrag dieses Buches, auf den im Lauf eines Jahres weitere folgten. Mal waren sie didaktisch gemeint, mal als Weckruf. Dies ist also kein organisierter Leitfaden für Autoren. Aber, wie ich hoffe, auch kein leeres Geschwätz. Eher eine leise Stimme, in deren Begleitung man durch den Park spaziert, ebenfalls etwas, das ich mit meinen Studenten bisweilen gern tue. Beim Schreiben stellte ich mir ein ins Ohr einer jungen Autorin, eines jungen Autors geflüstertes Wort vor, wobei ich inzwischen denke, dass diese Briefe eigentlich jedermann ansprechen dürften, der schreibt, nicht zuletzt mich selbst.

Natürlich fällt mir dazu Cyril Connollys Satz ein: «Wie viele Bücher über Malerei hat Renoir geschrieben?» Mir ist klar, dass der Versuch, einen intrinsisch rätselhaften Vorgang zu analysieren, eine Torheit sein dürfte, aber nichtsdestotrotz, hier ist er, im vollen Bewusstsein dessen, dass die Zauberkiste, sobald man sie öffnet, Anlass zu Enttäuschung geben könnte. Die Wahrheit ist, dass ich wirklich gern zusehe, wenn junge Autoren beginnen, der Welt ihren Stempel aufzudrücken. Ich feuere meine Studenten nach Kräften dabei an. Bisweilen feuern sie zurück. In der Tat lautet ein Standardsatz meiner Einführungsrede, dass im Verlauf des Semesters unweigerlich Blut unter der Tür hindurchfließen wird, und unweigerlich wird auch meines dabei sein.

Ich gebe zu, dass ich bei der Zusammenstellung dieser Ratschläge elend gescheitert bin, was, wie Sie sehen werden, einer Art schulterklopfendem Selbstlob gleichkommt. Ich liebe es zu scheitern. Auch hier ist es mir gelungen. Diese meine Ratschläge sind unzulänglicher als alle, die ich selbst gern erhalten würde. Ich präsentiere sie Ihnen mit einer bescheidenen Verbeugung und dem Wunsch, sie für sich sprechen zu lassen.

Eine kleine Warnung: Als ich einmal einen Roman mit dem Titel *Der Tänzer* schrieb, eine Fiktionalisierung des Lebens von Rudolf Nurejew, schickte ich das Manuskript einem meiner Helden, einem Schriftsteller, von dem ich jedes Wort liebte. Er war unfassbar freundlich und sandte mir sechs handgeschriebene Seiten mit Änderungsvorschlägen zurück. Ich übernahm praktisch jeden einzelnen, aber der, ich solle den Eröffnungsmonolog über den Krieg streichen, der mit den Worten «Drei Winter» beginnt, verstörte mich. Ich hatte nahezu sechs Monate an diesem Abschnitt gearbeitet, und er gehörte zu meinen Lieblingsstellen im Buch. Der Schriftsteller führte gute Argumente dafür ins Feld, ihn herauszunehmen, aber ich war trotzdem verstört. Tagelang lief ich mit seiner Stimme im Kopf herum. *Streichen Sie ihn, streichen Sie ihn.* Wie konnte ich den Rat eines der größten Schriftsteller der Welt in den Wind schlagen?

Am Ende nahm ich den Rat nicht an. Ich ging in mich und lauschte. Als das Buch schließlich erschien, schrieb er mir und sagte, ich hätte die richtige Wahl getroffen und er müsse demütig seinen Fehler eingestehen. Es ist einer der schönsten Briefe, die ich je bekommen habe. John Berger. Ich verrate hier seinen Namen, weil er mein Lehrer war, nicht im wörtlichen, sondern in einem strukturellen Sinn und in der Manier eines Freundes. Ich hatte noch einige andere Lehrer: Jim Kells, Pat O'Connell, Bruder Gerard Kelly, meinen Vater Sean McCann, Benedict Kiely, Jim Harrison, Frank McCourt, Edna O'Brien, Peter Carey und so gut wie jeden anderen Schriftsteller, den ich je gelesen habe. Außerdem bin ich Dana Czapnik, Cindy Wu, Elis Maxwell und meinem Sohn John Michael für ihre Hilfe bei diesem Buch zu Dank verpflichtet. Die Stimme, die aus uns spricht, ist keine einzelne. Sie wird uns von vielen zuteil. Sie ist der zündende Funke.

Ich hoffe, jeder jüngere – oder gern auch ältere – Autor, der zufällig nach einem Lehrer sucht, einem Lehrer, der ihm letztendlich nichts anderes beibringen kann als das Feuermachen, wird hier etwas finden.

Brief an einen
jungen Autor

Ich lebe mein Leben in wachsenden Ringen,
die sich über die Dinge ziehn.

Rainer Maria Rilke

Tun Sie das, was sich nicht rechnet. Seien Sie ernsthaft. Seien Sie aufopferungsvoll. Misstrauen Sie der Bequemlichkeit. Lesen Sie laut. Muten Sie sich etwas zu. Fürchten Sie sich nicht vor Gefühlen, auch wenn andere es Gefühligkeit nennen. Machen Sie sich darauf gefasst, verrissen zu werden: Das kommt vor. Erlauben Sie sich, verärgert zu sein. Scheitern Sie. Halten Sie inne. Akzeptieren Sie die Ablehnungen. Lassen Sie sich durch Zusammenbrüche beleben. Praktizieren Sie Reanimation. Staunen Sie. Tragen Sie Ihren Teil der Welt. Finden Sie einen Leser, dem Sie vertrauen. Der Leser muss auch Ihnen vertrauen. Seien Sie Schüler, nicht Lehrer, selbst wenn Sie unterrichten. Lügen Sie sich nicht in die Tasche. Wenn Sie den guten Rezensionen glauben, müssen Sie auch den schlechten glauben. Trotzdem, quälen Sie sich nicht. Erlauben Sie Ihrem Herzen nicht, zu verhärten. Zugegeben, die Zyniker haben bessere Bonmots als wir. Aber Kopf hoch, die kriegen nie eine Geschichte fertig. Genießen Sie die Schwierigkeiten. Geben Sie dem Geheimnisvollen Raum. Finden Sie das Universelle im Kleinen. Glauben Sie an die Sprache – dann folgen die Figuren von selbst, und irgendwann stellt sich auch die Handlung ein. Treiben Sie sich an. Treten Sie nicht Wasser. Mit Wassertreten kann man überleben, aber nicht schreiben. Seien Sie nie zufrieden. Gehen Sie weit über das Persönliche hinaus. Vertrauen Sie auf die Dauerhaftigkeit dessen, was gut ist. Wir bekommen unsere Stimme von den Stimmen anderer. Seien Sie beim Lesen promiskuitiv. Imitieren Sie, kopieren Sie und finden Sie dann Ihre eigene Stimme. Schreiben Sie über das, was Sie wissen wollen. Besser noch, schreiben Sie sich an das heran, was Sie nicht wissen. Die beste Arbeit kommt von außerhalb Ihrer selbst. Nur die berührt Sie im Innern. Seien Sie tapfer beim Anblick der leeren Seite. Stellen Sie wieder her, was andere belächelt haben. Schreiben Sie sich aus der

Verzweiflung. Schaffen Sie Gerechtigkeit aus der Realität. Singen Sie. Schaffen Sie Licht aus dem Dunkel. Reflektierter Kummer ist so viel besser als unreflektierter. Misstrauen Sie dem, was Ihnen zu viel Trost spendet. Hoffnung, Glaube und Selbstvertrauen werden Sie oft im Stich lassen. Na und? Teilen Sie Ihren Zorn. Widerstehen Sie. Klagen Sie an. Zeigen Sie Ausdauer. Haben Sie Mut. Seien Sie beharrlich. Die stillen Zeilen sind genauso wichtig wie diejenigen, die auf die Pauke hauen. Vertrauen Sie Ihrem blauen Füller, aber vergessen Sie den Rotstift nicht. Lassen Sie das Wesentliche zählen. Gestatten Sie sich Ihre Furcht. Fühlen Sie sich befugt: Sie haben etwas, über das Sie schreiben wollen. Dass es ein begrenztes Thema ist, heißt noch lange nicht, dass es nicht universell sein kann. Seien Sie kein Schulmeister. Nichts tötet Leben so sicher wie Erläuterung. Plädieren Sie für die Imagination. Beginnen Sie mit Zweifeln. Seien Sie ein Entdecker, kein Tourist. Gehen Sie dorthin, wo noch niemand war. Kämpfen Sie um Instandsetzung. Glauben Sie ans Detail. Machen Sie Ihre Sprache einzigartig. Eine Geschichte beginnt lange vor dem ersten Wort. Sie endet lange nach dem letzten. Machen Sie das Gewöhnliche außergewöhnlich. Geraten Sie nicht in Panik. Enthüllen Sie eine Wahrheit, die es noch nicht gibt. Seien Sie unterhaltsam dabei. Befriedigen Sie den Hunger nach Ernsthaftigkeit und Freude. Atmen Sie tief ein. Füllen Sie Ihre Lunge mit Sprache. Man kann Ihnen viel nehmen – sogar Ihr Leben –, aber nicht Ihre Geschichten über dieses Leben. Dies also ist ein Wort, nicht ohne Zuneigung und Respekt, an die junge Autorin, den jungen Autor: Schreiben Sie.

Es gibt keine Regeln

Es gibt drei Regeln für das Schreiben eines Romans. Unglücklicherweise kennt sie niemand.

W. Somerset Maugham

Es gibt keine Regeln. Und wenn doch, dann sind sie nur dazu da, gebrochen zu werden. Heißen Sie diesen Widerspruch gut. Sie müssen bereit sein, zwei oder mehr sich zuwiderlaufende Gedanken zugleich auf der offenen Handfläche zu balancieren.

Zum Teufel mit der Grammatik, aber erst, wenn Sie sich damit auskennen. Zum Teufel mit den Formfragen, aber erst, wenn Sie gelernt haben, was Form ist. Zum Teufel mit dem Plot, aber sehen Sie gefälligst zu, dass irgendwann etwas passiert. Zum Teufel mit der Struktur, aber erst, wenn Sie sie so gründlich durchdacht haben, dass Sie sich mit geschlossenen Augen in Ihrem Werk zurechtfinden.

Die Großen brechen die Regeln in voller Absicht. Sie tun das, um die Sprache neu zu erfinden.

Sie sagen es so, wie niemand zuvor es gesagt hat. Und dann machen sie es ungesagt und nochmals ungesagt und brechen dabei ständig wieder ihre eigenen Regeln.

Also trauen Sie sich, die Regeln zu missachten. Oder sogar neue zu erschaffen.

Ihre erste Zeile

Der erste Satz jedes Romans sollte lauten: Vertrauen Sie mir, es wird Zeit brauchen, aber hier herrscht Ordnung, eine sehr zarte, menschliche Ordnung.

Michael Ondaatje

Die erste Zeile sollte Ihnen den Brustkorb öffnen. Sie sollte hineingreifen und Ihnen das Herz im Leib umdrehen. Sie sollte zu erkennen geben, dass die Welt nie wieder so sein wird wie zuvor.

Die Eröffnungssequenz sollte lebhaft sein. Sie sollte Ihren Leser in etwas Dringendes, Interessantes, Informatives stürzen. Sie sollte Ihre Geschichte, Ihr Gedicht, Ihr Stück vorantreiben. Sie sollte Ihrem Leser ins Ohr flüstern, dass alles im Begriff ist, sich zu wandeln.

So vieles von dem, was dann folgt, hängt vom Ton dieser Eröffnung ab. Versichern Sie uns, dass die Welt nicht statisch ist. Geben Sie uns etwas

Konkretes, an dem wir uns festhalten können. Lassen Sie uns wissen, dass wir ein Ziel haben. Aber bleiben Sie dabei locker. Stopfen Sie nicht die ganze Welt in die erste Seite. Finden Sie eine Balance. Lassen Sie der Geschichte Zeit, sich zu entfalten. Stellen Sie sich den Anfang als Tür vor. Wenn Sie den Leser erst über die Schwelle haben, können Sie ihm den Rest des Hauses zeigen. Verfallen Sie aber nicht in Panik, wenn Ihnen der Anfang nicht gleich gelingen will. Oft stellt sich der Eröffnungssatz erst ein, wenn Sie halbwegs mit der ersten Fassung fertig sind. Sie kommen auf Seite 157, und plötzlich geht Ihnen auf: *Ach, damit hätte ich anfangen müssen.*

Also gehen Sie zurück und fangen wieder von vorne an.

Eröffnen Sie elegant. Eröffnen Sie kraftvoll. Eröffnen Sie zart. Eröffnen Sie überraschend. Eröffnen Sie, als stünde alles auf dem Spiel. Das ist natürlich ein bisschen so, als verordnete Ihnen jemand einen Gang über das Hochseil. Also los, dann gehen Sie eben über das Hochseil! Geben Sie sich entspannt der Spannung des Drahtes hin. Die erste Zeile ist, wie der erste Schritt, nur die erste von vielen, und doch bestimmt sie die Form dessen, was danach kommt. Versuchen Sie, erst einen halben

Meter über dem Boden zu gehen, dann einen, dann anderthalb. Am Ende gehen Sie vielleicht einen Viertelkilometer hoch durch die Luft.

Aber Sie könnten auch straucheln und fallen. Macht nichts. Schließlich ist es nur ein Akt der Imagination: Sie werden schon nicht daran sterben.

Zumindest noch nicht.

Schreiben Sie nicht über das, was Sie schon wissen

> Das Undurchführbare ist das Einzige,
> was mich interessiert.
>
> *Nathan Englander*

Schreiben Sie nicht über das, was Sie schon wissen. Schreiben Sie sich an das heran, was Sie wissen *wollen*.

Gehen Sie aus sich heraus. Setzen Sie sich aufs Spiel. Das eröffnet Ihnen Welten. Wechseln Sie den Ort. Erkunden Sie, was jenseits Ihrer Vorhänge, jenseits der Wand, jenseits der Straßenecke, jenseits der Stadt, jenseits des Ihnen bekannten Landes liegt.

Der Autor ist ein Entdecker. Er weiß, er will irgendwohin, aber er weiß nicht, ob dieses Irgendwo überhaupt schon existiert. Es muss erst noch erschaffen werden. Ein Galapagos der Phantasie. Eine ganz neue Theorie dessen, wer wir sind.

Sitzen Sie nicht herum und betreiben Introspektion. Das ist langweilig. Am Ende sind in Ihrem Nabel doch nur Fusseln. Sie müssen sich hinauskatapultieren, junge Autorin, junger Autor. Denken Sie über andere, denken Sie über das Irgendwo nach, denken Sie sich in eine Entfernung, die Sie schließlich wieder nach Hause führen wird.

Der einzig wahre Weg, Ihre Welt zu erweitern, ist der, sich in einem Anderswo jenseits von uns einzurichten. Dafür gibt es ein schlichtes Wort: Empathie. Lassen Sie sich nichts einreden: Empathie ist brutal. Empathie ist hart. Empathie kann einen bloßstellen. Aber lassen Sie sich darauf ein, und sie wird Sie verändern. Wappnen Sie sich: Man wird Sie sentimental nennen. Doch die wirklich Sentimentalen sind die Zyniker. Sie leben in den Wolken ihrer beschränkten Nostalgie. Sie haben keine Muskelkraft. Sie verharren an einem Ort. Sie haben nur einen einzigen Gedanken, an dem sich nichts entzündet. Denken Sie daran: Die Welt besteht aus so viel mehr als einer Geschichte. In anderen finden wir das Ereignis unserer selbst.

Also lassen Sie die Zyniker. Stechen Sie sie aus. Betreten Sie dieses Irgendwo. Glauben Sie daran, dass Ihre Geschichte größer ist als Sie selbst.

Am Ende lag Ihr Grundschullehrer natürlich doch richtig: Wir können wirklich nur über das schreiben, was wir wissen. Alles andere ist logisch und philosophisch unmöglich. Aber wenn wir uns an das *heran*schreiben, was wir nicht zu wissen glauben, werden wir herausfinden, was wir bereits wussten, ohne uns darüber gänzlich im Klaren gewesen zu sein. Wir werden einen bewusstseinsmäßigen Quantensprung gemacht haben und nicht im permanenten Backspin des *Ich, ich, ich* gefangen bleiben.

Wie Vonnegut sagt: Wir müssen ständig von Klippen herunterspringen und auf dem Weg nach unten unsere Flügel wachsen lassen.

Der Schrecken
der weißen Seite

> Das Vergnügen des Beharrens. Das Vergnügen
> von Ausdauer und Beständigkeit. Das Vergnügen
> der Verpflichtung, das Vergnügen der Abhängig-
> keit. Das Vergnügen von gewöhnlicher Hingabe.
> *Maggie Nelson*

Lassen Sie sich vom Schrecken der weißen Seite nicht das Hirn folienverschweißen. Die Ausrede, Sie hätten eine Schreibblockade, ist viel zu einfach. Sie müssen zur Arbeit erscheinen. Sie müssen sich auf den Stuhl setzen und gegen die Leere ankämpfen. Stehen Sie nicht vom Schreibtisch auf. Verlassen Sie nicht das Zimmer. Gehen Sie nicht los und bezahlen Rechnungen. Spülen Sie nicht das Geschirr. Lesen Sie nicht die Sportseiten. Öffnen Sie nicht die Post. Lenken Sie sich so lange nicht ab, bis Sie das Gefühl haben, Sie hätten gekämpft und sich bemüht.

Sie müssen sich die Zeit nehmen. Wenn Sie nicht an Ort und Stelle sind, werden die Worte nicht auf der Seite erscheinen. So einfach ist das.

Ein Autor ist keiner, der zwanghaft über das Schreiben nachdenkt oder redet, es plant, seziert oder ihm gar huldigt; ein Autor ist einer, der seinen Hintern auf den Stuhl pflanzt, selbst wenn es das Letzte ist, wonach ihm der Sinn steht.

Gut schreiben laugt einen vollkommen aus. Kaum jemand spricht darüber, aber Schriftsteller brauchen die Kondition von Weltklasseathleten. Die Erschöpfung vom ständigen Sitzen. Die Fehler. Die Verbesserungen. Die geistige Belastung. Dass man den Eimer immer wieder in den Brunnen hinunterlassen und heraufholen muss. Ein Wort auf der Seite verschieben. Es wieder zurücksetzen. Es in Frage stellen. Es in Zweifel ziehen. Es mit **Fettschrift** probieren. Es sich *kursiv* anschauen. Die Type vergrößern. Es anders buchstabieren. Es wieder und wieder verschieben. Einfacher Zeilenabstand, doppelter Zeilenabstand, links- und rechtsbündig, zurück zum einfachen Zeilenabstand. Es aushorchen. Herausfinden, wie man es am besten in Ruhe lassen kann. Dranbleiben, während die Uhr tickt. Das Negative nicht gewinnen lassen.

Gegen den verlockenden Defätismus anschimpfen. Nicht nur verstehen, wofür Worte stehen, sondern auch, was gegen sie steht. Sich wieder aufrappeln, wenn man sich selbst k. o. geschlagen hat. Sich den Staub abklopfen. Den Zahnschutz richten. Erhalten, was man von vorangegangenen Arbeitstagen geerbt hat.

Machen Sie sich nicht so viele Gedanken über die Summe Ihrer Wörter. Die Summe der *gestrichenen* Wörter ist wichtiger. Sie müssen dasitzen und den Rotstift spitzen, die Löschtaste drücken oder die Seiten ins Feuer werfen. Oft wird es umso besser, je mehr Wörter Sie streichen. Ein guter Tag kann auch bedeuten, dass Sie hundert Wörter weniger haben als am Tag zuvor. Selbst keine Wörter auf der Seite zu haben ist besser als keine Zeit vor und mit der Seite.

Bestehen Sie auf Ihrer eigenen Beharrlichkeit. Die Worte werden schon kommen. Vielleicht nicht in Gestalt brennender Dornbüsche oder in Lichtsäulen, aber egal. Nehmen Sie den Kampf wieder auf, wieder und wieder. Wenn Sie lange genug kämpfen, wird sich das richtige Wort einstellen, und wenn nicht, dann haben Sie sich wenigstens bemüht.

Bleiben Sie einfach mit dem Hintern auf dem Stuhl sitzen. Hintern auf dem Stuhl. Hintern auf dem Stuhl. Starren Sie die leere Seite nieder.

_____

_____

_____

_____

_____

_____

_____

_____

_____

_____

Keine Ideen ohne Musik

Zwischen dem, was wir sehen, und dem, was wir wissen, herrscht keine feststehende Beziehung. Jeden Abend können wir die Sonne untergehen sehen. Obwohl wir wissen, dass der Grund für diesen Vorgang die Drehung der Erde ist, kann diese physikalische Erklärung niemals ganz dem Augenschein entsprechen.

John Berger

Die Frage wird gern als die dümmste überhaupt belächelt, aber trotzdem stellt jeder sie: Woher kommen sie denn nun, Ihre Ideen? Na, raten Sie mal. In der Mehrzahl aller Fälle weiß der Autor das im Grunde selbst nicht. Die Ideen sind einfach da. Sie fliegen Ihnen zu. Sie stoßen auf etwas, das den Muskel Ihrer Phantasie packt und ihn so lange festhält, bis Sie einen Krampf bekommen. Das nennt man dann eine Obsession. Es ist das, was wir Autoren eben tun: Wir schreiben uns an unsere Obsessionen heran. Sie werden nicht mehr davon lassen können, bis Sie Worte finden, die Sie in die Lage versetzen, sich ihrer zu erwehren. Nur so werden Sie sich davon befreien.

Der Trick dabei ist: Sie müssen unvoreingenommen gegenüber der Welt sein. Sie müssen hinhören. Und hinschauen. Sie müssen bereit sein, sich inspirieren zu lassen. Die erste Idee mag aus der Zeitung stammen, aus einem in der U-Bahn gehörten Satz, es mag auch die Geschichte sein, die auf dem Dachboden Ihrer Familie herumgelegen hat. Sie mag von einem Foto oder einem anderen Buch inspiriert sein oder Sie aus keinem zu diesem Zeitpunkt erkennbaren Grund gestreift haben. Sie mag sogar dem allgemeinen Wunsch folgen, ein größeres Thema anzugehen, den Raubbau an der Umwelt, die tieferen Gründe, aus denen Flugzeuge in Gebäude geflogen werden, die unaufhörliche, grässliche Wahlberichterstattung, die vor Ihren Augen abläuft. Egal. Keine Geschichte steht über irgendeiner anderen. Sie selbst wissen nur, dass diese der Welt neu erzählt werden will und dass Sie deshalb anfangen müssen, sie zu erforschen.

Aber Vorsicht. Ideen an sich mögen etwas sein, mit dem man gut Politik machen kann, aber sie führen nicht automatisch zu guter Literatur. Zunächst müssen Sie die menschliche Musik darin finden. Das gewisse Etwas, das über die erste Idee hinausführt. Das Quark in der Theorie. Die Vorschlagsnote darin.

Sie fangen mit einem kleinen Detail an und arbeiten sich nach außen vor, Ihrer Obsession entgegen. Sie sind hier nicht das Sprachrohr für Kulturen oder hochfliegende Philosophien. Sie sprechen nicht *für* die Menschen, sondern *mit* ihnen. Sie sind hier, um Löcher in die bekannte Welt zu reißen und sie neu zu erschaffen. Oft lernen Schriftsteller die wahren Motive ihres Schreibens erst lange nach Abschluss der Arbeit kennen. Erst wenn sie andere daran teilhaben lassen, offenbart sich deren Zweck.

Nicht genau zu wissen, wohin Ihre Geschichte führt, ist eine gute Sache. Es mag Sie eine Weile zum Wahnsinn treiben, aber es gibt Schlimmeres als Wahnsinn: Versuchen Sie es zum Beispiel mal mit Schweigen.

Ein Held des Bewusstseins

> Der Vorgang der Bewusstwerdung als
> Schriftsteller dreht sich letztlich um die Frage:
> Wie intensiv möchte ich leben?
>
> *Anne Lamott*

Der ganze Sinn von guter Literatur besteht darin, das Neue haltbar zu machen. Sie erschaffen alternative Zeit. Sie machen anschaulich, was zuvor nicht existierte. Sie sind nicht allein der Uhrmacher, sondern zugleich das Maß der Schöpfung des Uhrmachers. Sie gestalten Vergangenheit, Gegenwart und Zukunft. Das ist eine ziemlich große Verantwortung. Übernehmen Sie sie.

Führen Sie den Leser zu der Geschichte hin. Sagen Sie: Vertrau mir, dies könnte eine lange, merkwürdige, schwierige, schmerzhafte Reise werden, aber am Ende wird sie sich gelohnt haben. Im richtigen Moment können Sie dann Wunder wirken.

Den «Moment» der Geschichte – oder auch nur einer Szene – zu finden kann eine der großen Offenbarungen beim Schreiben sein. Sie erkennen, was dieser Moment bedeutet: Er ist der Punkt, an dem sich alles ändert, nicht nur für Ihre Figuren, sondern auch für Sie selbst. Sie kommen zum Kern der Sache. Zum Dreh- und Angelpunkt. Sollten Sie ihn verpassen, fällt alles auseinander.

Es ist Ihre Verpflichtung, den Leser sehen und hören zu lassen. Sie erreichen dies, indem Sie ihn mit allen Mitteln an den Moment heranführen. Mit dem rechten Wort werden Sie die Balance von Phantasiereichtum und Formfinden. Sie müssen den Moment nach und nach aus dem Schweigen zerren. Als Autor sind Sie sich jedes Satzes bewusst. Ihre Phantasie erschafft eine Realität. Es ist, als würden Sie die Zeit entblößen. Sie dringen auf neues Gebiet vor. Sie werden ein Held des Bewusstseins.

Schön und gut, junge Autorin, junger Autor – in der Tat, *ein Held des Bewusstseins* –, aber seien Sie sich darüber im Klaren, dass Sie das Mühe und Anstrengung kosten wird. Sie werden sich die Haare raufen. Mit den Zähnen knirschen. Wieder und wieder wird sich Ihnen das Herz verkrampfen. Sie werden glauben, Sie probten fortwährend für eine Aufführung, die vielleicht nie stattfindet.

Eines Tages könnten Sie feststellen, dass Sie das Schreiben hassen, eben weil Sie es so gut beherrschen wollen. Aber auch diese schreckliche Erkenntnis ist nur eine andere Form der Freude. Gewöhnen Sie sich daran. Die Sonne geht unter, damit sie wieder aufgehen kann.

Aus dem Staub: Figuren erschaffen

> Dann ging es mit dem Schreiben so flüssig voran, dass mir zumute war, als schriebe ich aus dem schieren Vergnügen heraus, eine Geschichte zu erzählen, was diejenige menschliche Verfassung ist, die der beim Levitieren am nächsten kommt.
>
> *Gabriel García Márquez*

Herauszufinden, wer Ihre Figur wirklich ist, gehört zu den größten Freuden beim Schreiben von fiktionalen Texten. Kaum etwas geht darüber, jemanden aus dem Staub der Phantasie zu erschaffen. Jedoch erfordert die Erfindung einer Figur aus dem Nichts mehr als das Plündern der untersten Regale im nächstgelegenen Fiktionssupermarkt. Ihre Figuren müssen komplex sein, kompliziert, mit Makeln behaftet. Sie müssen hervortreten und die Last der Realität tragen. Sie müssen ein herzerweichender Haufen Fleisch und Knochen sein.

Wir neigen beim Denken und Gliedern zu recht weitgefassten, pauschalen Charakteristika (Ehrlichkeit, Auffassungsvermögen, Integrität usw.), aber als guter Geschichtenerzähler müssen Sie Ihre Figur in- und auswendig kennen. Vergessen Sie all das Gequatsche über Protagonist und Antagonist und die Workshop-Leier über dynamische oder statische Figuren – Sie müssen jemanden erschaffen, der *real* ist. Es ist eine in der Literatur verbreitete Ansicht, Charakter determiniere das Schicksal, was (wahrscheinlich) bedeutet, dass eine gut gezeichnete Figur ihren Motiven gemäß handelt. Figurenzeichnung hilft also, einen bestimmten Ausgang der Geschichte festzulegen. Aber die Geschichte wird nichts bedeuten, wenn die Figur nicht Teil eines großen menschlichen Eintopfs ist. Wir müssen sie so vollkommen real machen, dass kein Leser sie jemals vergessen kann.

Eine Figur lebendig zu machen ist, wie jemanden zu treffen, in den Sie sich verlieben werden. Noch bedeuten Ihnen die Fakten ihres oder seines Lebens nichts. Überfüttern Sie uns nicht gleich mit Informationen. Lassen Sie die später einfließen. Zunächst fesselt uns ein Moment – ein einzigartiger Moment des fließenden Übergangs, der Veränderung, des Zusammenbruchs –, nicht grandiose Resümees oder Viten. Also generalisieren Sie nicht. Seien Sie spezifisch. Gehen Sie ins körnige Detail. Der Leser muss sich schnell in Ihre Figur verlieben (oder sie hassen lernen). Ihr muss etwas zustoßen: etwas, das unsere müden Herzen wachrüttelt. Gestalten Sie es traumatisch, traurig oder triumphal, das ist egal – nur ermöglichen Sie es Ihrem Leser, das körperliche Wesen zu mögen, das Ihre Worte evozieren, die Person hinter der Sprache. Im Verlauf der Geschichte können wir uns dann mit ihr hinsetzen und sie näher kennenlernen.

Manchmal entnehmen wir eine Figur unserem eigenen Lebensumfeld und hängen dieser Vogelscheuche dann eine Persona um. Oder wir suchen uns wohlbekannte historische Figuren und gestalten sie neu. In beiden Fällen obliegt uns die Verantwortung, sie lebendig zu machen. Sie sind Ihrer Phantasie ebenso verpflichtet wie der Historie.

Ihre fiktionalen Charaktere mögen erfunden sein, aber am Ende treten sie als reale Figuren in die Welt. Jay Gatsby ist real. Tom Joad ist real. Leopold Bloom ist real. (Oder zumindest so real wie jene sieben Milliarden Mitmenschen, die wir noch nicht kennen.)

Letztlich sollten Sie Ihre Figuren wahrscheinlich so gut kennen wie sich selbst. Nicht nur wissen, was sie heute gefrühstückt haben, sondern auch, was sie hätten frühstücken *wollen*. Diese kleine literarische Speckscheibe wird dann gar nicht unbedingt in Ihrer Geschichte auftauchen, aber wissen müssen Sie davon. Eigentlich sollte Ihnen die Antwort auf so gut wie jede Frage auf der Zunge liegen. Wo ist Ihre Figur geboren? Was ist ihre erste Erinnerung? Wie sieht ihre Handschrift aus? Wie überquert sie an der Ampel die Straße? Warum hat sie ein Brandmal am Ansatz des Zeigefingers? Warum hinkt sie? Warum hat sie Dreck unter den Fingernägeln? Woher stammt die Narbe an der Hüfte? Wann begann ihr bewusstes Leben? Wem würde sie bei einer Wahl ihre Stimme geben? Was war das Objekt ihres ersten Ladendiebstahls? Was macht sie glücklich? Was erschreckt sie? Was verursacht ihr die größten Schuldgefühle? (Sie würden sich wundern, wie viele Autoren ihren Figuren nicht einmal diese simplen Fragen stellen.)

Sie sollten sich mit geschlossenen Augen in diese Figur hineinversetzen können. Sie sollten den Klang ihrer Stimme kennen. Die Form ihrer Fußabdrücke. Spazieren Sie eine Weile mit ihr herum.

Schütteln Sie sie eine Zeitlang in der Rassel Ihres Hirns. Machen Sie sich im Kopf eine Liste dessen, wer oder was sie ist, woher sie kommt. Auftreten. Körpersprache. Besondere Merkmale. Kindheit. Konflikte. Wünsche. Stimme. Erlauben Sie Ihren Figuren, Sie zu überraschen. Wenn es scheint, als sollten sie rechts abbiegen, schicken Sie sie nach links. Wenn sie zu fröhlich wirken, geben Sie ihnen Saures. Wenn sie die Seite verlassen wollen, zwingen Sie sie, noch auf einen Satz zu bleiben. Machen Sie sie kompliziert. Stürzen Sie sie in Konflikte. Geben Sie ihnen gespaltene Zungen. Nicht anders ist das reale Leben. Seien Sie nicht zu logisch. Logik kann uns lähmen.

Wenn Sie Ihre Figur jetzt immer noch nicht kennen, setzen Sie sich hin und schreiben ihr einen Brief. Ihre erste Zeile könnte folgendermaßen lauten: *Warum kenne ich dich nicht?* Die Antwort dürfte Sie überraschen. Schließlich schreiben Sie ja an sich selbst.

Klingt das extrem? So soll es klingen. Denn Schreiben geht immer ins Extrem.

Nabokov sagt, seine Figuren seien nur seine Galeerensklaven – aber der darf so etwas sagen, weil er Nabokov heißt. Lassen Sie mich trotzdem höflich widersprechen. Ihre Figuren verdienen Ihren Respekt. Ein bisschen Ehrerbietung. Ein bisschen Eigenleben. Seien Sie ihnen dankbar dafür, dass sie Sie überraschen und an der Türglocke Ihrer Phantasie läuten.

Die Wahrheit gestalten

> Erzählen Sie die Wahrheit, durch welchen Schleier auch immer, aber erzählen Sie sie. Finden Sie sich mit der lebenslangen Trauer darüber ab, dass Sie nie zufrieden sein können.
>
> *Zadie Smith*

Gutes Schreiben balanciert stets zwischen Kunst und Wahrscheinlichkeit. Das gilt für erzählende Literatur, Sachbücher, Dramen und Gedichte, ja sogar für den Journalismus. Wir müssen Wahrheit und Erfindung an ein und demselben Ort zusammenhalten. Die Wahrheit muss gestaltet werden. Und dieser Vorgang erfordert viel Arbeit.

Manche Leute scheinen zu glauben, beim Erfinden ginge es ums Lügen. Weit gefehlt. Erfinden bedeutet, das Authentische herauszuschälen. Wir benutzen unsere Phantasie, um Zugang zu den am tiefsten verborgenen, dunkelsten Dingen zu erhalten.

Am Ende ist nur das wohlgesetzte Wort, gleich, ob schmuckvoll oder karg, in der Lage, mit der Wahrheit umzugehen. Dieses Wort, oder diese Reihe von Wörtern, muss der Brutalität unseres Lebens Form geben, aber es muss, oder sie müssen, auch der Zerstörung dieser Brutalität Bedeutung und Glaubwürdigkeit verleihen. Nur die Sprache, die fähig ist, sich ins Poetische aufzuschwingen, kann sich gegen das behaupten, was falsch ist. Mit anderen Worten: Nur Ihr Bestes genügt. Die Sprache ist eine großartige Waffe. Sie muss kompliziert, vielschichtig, ja frustrierend sein. Sie muss empfunden sein. Sie kann verblüffend, kann diffus sein. Sie sollte Dinge sagen, die wir schon wussten, aber nicht durchschaut haben. Sie sollte uns stutzig machen. Uns beifällig nicken lassen. Uns zum Schweigen bringen. Und das hat nichts mit Lügen zu tun, sondern mit Gestalten, Formen, Führen. Ihre Sprache muss nur gegenüber Ihrem Erfindungsgeist wahrhaftig sein.

Doch was ist diese angebliche «Wahrheit» überhaupt? Vielleicht ist Wahrheit das, dessen sich die Welt bewusst ist, von dem sie aber noch nichts weiß. Es ist Ihre Aufgabe als Autor, der Welt etwas zu erzählen, was sie nicht schon weiß. Leicht gesagt, aber schwierig, vielleicht unmöglich umzusetzen.

Trotzdem, suchen Sie nach den nicht augenfälligen Wahrheiten. Je mehr Freiheit ein Autor hat, desto mehr muss er zum Kritiker seiner Lebenswelt werden. Schauen Sie sich um. Das Verborgene beginnt zu Hause. Finden Sie heraus, was falsch ist, und beginnen Sie darüber zu schreiben, damit Sie sich von zu Hause *fort*schreiben können. Selbst wenn Sie dann ein *Irgendwo* erschaffen, schreiben Sie immer noch über das, was Ihnen nahe ist. Ihrer Regierung schulden Sie keine Treue. Auch verbreiteten Anschauungen nicht. Aber dem flüchtigen Gedanken der Wahrheit schulden Sie sehr wohl Treue. Warum flüchtig? Weil die Wahrheit sich, sobald Sie sie gefunden haben, wahrscheinlich schon wieder in etwas Neues, noch Verderblicheres verwandelt hat. Es wird immer neue Grausamkeiten geben, denen man sich stellen muss. Immer neue Probleme. Am Ende löst das Schreiben kein einziges. Freuen Sie sich darüber. Vergessen Sie trotzdem niemals, dass Schreiben wichtig ist. Widerspreche ich mir? Nun gut, dann widerspreche ich mir. Whitman sagt, wir enthielten Vielheiten. Joyce sagt, gutes Schreiben baue das Leben aus dem Leben nach. Wie kämen wir dazu, den Großen unserer Zunft zu widersprechen? Tippen Sie also einfach das Wort auf die Seite. Keine Predigten. Keine Vorträge. Kein sinnloses Anrennen gegen Windmühlenflügel. Nur ernsthaftes Bestreben und Mumm. Tiefenbohrungen in die eigene Welt. Die Fähigkeit, sich in die dunkelsten Winkel zu zwängen, um etwas noch Ungesagtes zutage zu fördern.

Ja, ich weiß, das alles sagt sich leicht dahin, und doch ist es so schwer zu erreichen, aber egal, Sie müssen es tun. Schauen Sie sich selbst, Ihr Gemeinwesen, Ihre Lieben an. Sagen Sie Ihre Meinung. Sie sollten schreiben, damit Sie nicht in Schweigen verfallen. Es geht um die Wahrheit, oder zumindest darum, so nahe wie möglich an sie heranzukommen, falls wir überhaupt je in ihre Nähe gelangen.

Am Ende müssen wir es riskieren, enttäuscht zu werden, es sogar darauf anlegen. Wir verstehen schließlich, dass es keine absolute Wahrheit gibt. Was Sie jedoch kontinuierlich interessieren sollte, ist der Unterschied zwischen authentischen Gedanken und Treibgut, zwischen Ehrlichkeit und intellektuellem Gefasel. Bloß weil Ihnen etwas tatsächlich passiert ist, ergibt es noch keine wahre oder auch nur gute Geschichte. Bloß weil jemand etwas im realen Leben gesagt hat, ist es noch nicht außergewöhnlich. Bloß weil jemand sagt, es sei wahr, ist es noch nicht wahr. Lassen Sie es wahr werden. Imaginieren Sie es so, dass es real wird. Nehmen Sie die reale Welt und schlagen Sie Stufen hinein. Bleiben Sie einfach ehrlich dabei. Und Sie werden Ihr Bestes leisten. Wirklich.

Führen Sie
ein Notizbuch mit

Die Rolle des Schriftstellers besteht darin, auszusprechen, nicht was wir alle aussprechen können, sondern was wir alle nicht aussprechen können.

Anaïs Nin

Führen Sie ein Notizbuch mit. Finden Sie eines, das klein und flexibel genug ist, dass es in Ihre Tasche passt, und dünn genug, dass es Ihnen nicht zur Last fällt. Nutzen Sie es vernünftig. Stecken Sie nicht den ganzen Tag die Nase in die Seiten, aber notieren Sie Dinge, wenn sich die Gelegenheit bietet. Bilder, Geistesblitze, aufgeschnappte Wortwechsel, Adressen, Skizzen – alles, was irgendwann in einem Satz landen könnte. Das kleinste Detail könnte der Schlüssel zu einem ganz neuen Denken sein. Dies sind Fünkchen, die irgendwann ein ganzes Buch erleuchten könnten. Also füllen Sie das Notizbuch. Datieren Sie möglichst die Notate. Verlieren Sie es nicht. Bitte! Schreiben Sie Ihre Kontaktdaten auf den Innendeckel. Bitten Sie den Finder um Rücksendung: Offerieren Sie eine kleine Belohnung. Sollten Sie es doch verlieren, verzweifeln Sie nicht – ein gutes Bild sollte sich ohnehin in Ihr Gehirn eintätowiert haben.

Seien Sie eine Kamera

> Dies ist der wesentliche ästhetische Faktor:
> Rhythmus, der harmonische Rhythmus von Be-
> ziehungen. Und wenn der Künstler einen glück-
> lichen Rhythmus gefunden hat, erstrahlt ein
> Glanz. Sie geraten in einen ästhetischen Bann. Das
> ist die Epiphanie.
>
> *Joseph Campbell*

Seien Sie eine Kamera. Vermitteln Sie uns eine
sprachliche Vision. Geben Sie uns das Gefühl,
wir seien dabei. Farben, Geräusche, Ansichten.
Bringen Sie uns mitten ins Geschehen. Nehmen Sie
zunächst die ganze Landschaft ins Visier und fokussieren Sie dann aufs Detail. Erwecken Sie dieses
Detail zum Leben.

Sich die Analogie zurechtzulegen, Sie arbeiteten
mit einer gewissen Anzahl von Wechselobjektiven,
ist ein guter Trick. Seien Sie das Fischauge. Seien
Sie das Weitwinkelobjektiv. Seien Sie das Tele.

Zoomen Sie heran. Zoomen Sie weg. Verzerren Sie. Stellen Sie scharf. Teilen Sie das Bild. Versetzen Sie sich in die Kamera hinein. Finden Sie die Worte, die sowohl Linse als auch Verschluss sind. Dies ist Ihr geistiges Auge.

Der Schriftsteller verfügt über alle Arten von Beweglichkeit: Selbst wenn Sie sich rigiden erzählerischen Zwängen unterwerfen, kommen Sie immer noch fast überall hin. Der Geist ist ein Akrobat. Alle Perspektiven auszuprobieren schadet nichts. Versuchen Sie es in der ersten, der zweiten, der dritten Person. Versuchen Sie es aus dem Blickwinkel Ihrer Hauptfigur, dann versuchen Sie es aus dem des Außenstehenden. Manchmal ist gerade er derjenige, der die Sache durchschaut. Bringen Sie Leben in die Bude. Faulknern Sie. DeLilloen Sie. Wechseln Sie von der Gegenwart in die Vergangenheit. Probieren Sie es mit der Zukunft. Suchen Sie nach dem Rhythmus.

Der Kamerablick findet auch auf der Darstellungsebene Anwendung. Achten Sie darauf, wie sich die Worte auf der Seite präsentieren. Zeilenbrüche können entscheidend sein. Absätze, Leerzeichen. Gedankenstriche. Auslassungen. Schauen Sie sich weiter die Worte an, prüfen Sie sie und probieren Sie herum. Aus allen Winkeln. Kaleidoskopisch.

Irgendwann – wenn Sie als Kamera und deren Benutzer beharrlich bleiben – werden Sie die richtige Stimme hören, die richtige Form erkennen, und die Geschichte wird sich entfalten. Dann werden Sie erfahren, dass Sie nicht nur aus einer Reihe mechanischer Teile bestehen. Sie sind jedem Apparat um Lichtjahre voraus. Sie sind vertraut mit den Angelegenheiten des menschlichen Herzens. Die Kamera ist verschwunden, und Sie haben begonnen, richtig zu sehen.

Könnse vergessen:
Dialog schreiben

Der oberflächliche Sinn eines Satzes ist nur sein Mantel; die wahre Bedeutung verbirgt sich unter Halstüchern und Knöpfen.

Peter Carey

Könnse vergessen: Ein niedergeschriebener Dialog ist nie real. Sie könnten in diesem Moment hinausgehen, eine auf der Straße erzählte Geschichte mitschneiden und sie umgehend transkribieren, doch selbst dann klänge sie niemals gänzlich wahr.

Ein Dialog mag nicht wahr sein, aber ehrlich muss er klingen. Und er muss den *Anschein* von Leichtigkeit erwecken. Er muss wirken, als wäre er ganz von selbst auf die Seite geglitten. Ein vernünftig geschriebener Dialog lässt alle ihn umgebenden Sätze gut aussehen.

Zum Dialogschreiben gibt es so viele Regeln und Ratschläge. Vergessen Sie die *Hmms* und *Ähs*: Die funktionieren auf der Seite nicht. Bemühen Sie sich, den Dialog nicht zur Vermittlung von Informationen zu nutzen, zumindest nicht von allzu offensichtlichen. Unterbrechungen sind großartig. Versuchen Sie, ein Gespräch zwischen drei, vier, fünf Leuten zu schreiben. Lassen Sie den Dialog für sich allein wirken. Verwenden Sie *er sagte* und *sie sagte*, aber vermeiden Sie hölzerne Beschreibungswörter. Vergessen Sie Schwülstiges wie *Stöhnen, Ausrufen, Insistieren, Bellen.*

Sorgen Sie dafür, dass sich der Dialog von der ihn umgebenden Deskription unterscheidet, nicht nur rhythmisch, sondern auch in der Länge. Das lockert die Sprache schön auf. Nehmen Sie den Dialog als Pausenzeichen oder als Einstimmung auf die nächste Deskription. Bauen Sie ruhig ein paar Stotterer und Neuansätze ein: Es ist nicht unbedingt schlecht, wenn sich eine Figur bisweilen wiederholt.

Lassen Sie alle Personen verschieden sprechen. Geben Sie ihnen sprachliche Ticks. Und vergessen Sie nie, dass die Menschen sich beim Reden immer von dem entfernen, was sie wirklich meinen. Lügen, die sich im Dialog entlarven, lassen einen aufhorchen. Bringen Sie Schwung ins Gespräch. Und fangen Sie nicht immer am Anfang an: Steigen Sie einfach irgendwo in den Dialog ein, kein Bedarf an *Hallos* und *Wiegehts*. Auch nicht an *Tschüssauf-wiedersehens*. Steigen Sie lange vor dem Ende des Gesprächs wieder aus.

Denken Sie daran, dass Geheimnisse der Kleb-stoff sind, der uns zusammenhält: Wir lieben das Ungehörte. Der Leser wird zum engsten Kompli-zen, wenn er etwas belauschen darf.

Auch wenn Sie Dialekt oder Patois einsetzen, bedenken Sie, dass am Ende jedes Satzes ein Le-ser sitzt. Verwirren Sie den nicht. Schmeißen Sie ihn nicht aus der Geschichte. Es brauch nich viel, um jemandem einen Akzent zu verpassen. No net übertreibe. Und nicht ins Stereotyp verfallen. Kein *Himmel Arsch* und kein *Ach Gottchen*. Kein dick aufgetragener Slang, *schmink's dir ab, Digger*. Keine Überdosis Rastafari, *Mon*. Kein Genuschel.

Stattdessen spielen Sie dem Leser auf subtile Weise Ihre Musik ins Hirn. Das reicht. Nur ein kleiner Hinweis. Den Rest macht er allein. Und der Dialog dialogisiert sich auch von selbst. Folgen Sie ihm. Verstricken Sie sich nicht zu sehr darin, die Realität zu spiegeln.

Und halleluja, geschriebener Dialog braucht

keine Grammatikregeln zu befolgen. Verballhornen Sie Ihre Sätze, wie Sie wollen. Sie sind frei, vom Weg abzuweichen. Frei zu forschen. Welche Grenzen können Sie überschreiten? Verwenden Sie Anführungszeichen, um Dialog anzudeuten? Gedankenstriche? Kursiven? Die Wahrheit ist, Sie könnten mit allen dreien arbeiten, in ein und demselben Roman oder sogar in ein und derselben Story. Es ist eine Möglichkeit, Ihre Worte zu akzentuieren.

Zusammenfassend könnte man sagen, dass Anführungen die Norm, Gedankenstriche experimentell und Kursiven auf eine etwas quälende Weise poetisch sind. Dialog ganz ohne Indikator zu schreiben ist für den Autor ein Ritt auf der Rasierklinge, aber vernünftig gemacht kann es sehr effektiv sein.

Studieren Sie die Meister. Roddy Doyle. Louise Erdrich. Elmore Leonhard. Marlon James. Und denken Sie immer daran, dass das, was wir nicht sagen, genauso wichtig, wenn nicht wichtiger ist als das, was wir sagen. Also studieren Sie auch die Momente des Schweigens und lassen Sie sie auf der Seite wirken. Sie werden bald herausfinden, wie laut das Schweigen wirklich ist. Alles Ungesagte führt am Ende zu Gesagtem.

Lesen Sie laut

> Für mich ist das größte Vergnügen beim Schrei-
> ben nicht, wovon es handelt, sondern die Musik
> der Worte.
>
> *Truman Capote*

Kommen Sie ins Gespräch mit dem, was Sie schreiben. Lesen Sie es sich laut vor. Laufen Sie durchs
Haus und durchdringen Sie die Decke. Der Himmel ist ohnehin interessanter als Decken. Also flüstern Sie nicht nur: Sprechen Sie LAUT. Nehmen
Sie die Peinlichkeit in Kauf. Ertragen Sie den Spott.
Geben Sie Ihrer Arbeit Stimme.

Ihr Partner, Ihr Mitbewohner, Ihre Freundin,
Ihr Kind mögen Sie für verrückt halten, aber das
ist völlig in Ordnung – geistige Gesundheit wird
ohnehin überschätzt.

Sie müssen den Rhythmus Ihrer Worte hören.
Die Wiederholungen. Die Assonanz. Die Allite-
ration. Die Lautmalerei. Die Musik des Ganzen.

Seien Sie John Coltrane. Toni Morrison. Gerard Manley Hopkins. Finden Sie die Binnenstruktur Ihrer Sprache. Erschaffen Sie neue Wörter. Bedienen Sie sich beim unendlichen Jazz. Entdecken Sie die «magische Morgendlichkeit».

Wenn Sie laut lesen, hören Sie auch die eigentliche Absicht mit. Sie werden erkennen, wo die Musik schwebt und wo sie abstürzt. Sie werden den Rhythmus entdecken. Oder sein Ausbleiben. Sie werden auf Reime stoßen. Und Sie werden auch zahlreiche Fehler finden. Seien Sie froh. Machen Sie sich mit dem Rotstift darüber her. Streichen Sie sie weg. Finden Sie ein neues Wort oder eine neue Wortfolge. Dann lesen Sie sich so lange wieder und wieder laut vor, bis es funktioniert. Werden Sie der Schauspieler, der Sie immer sein wollten. Finden Sie die Musik: Rap, Funk oder Foxtrott, egal. Nehmen Sie sich mit dem Recorder auf, wenn es sein muss. Hören Sie noch einmal hin. Lassen Sie Ihre Sätze eine Landschaft formen. Die Darstellung von *Freude* braucht vielleicht einen verrückt langen grammatikalisch inkorrekten Satz, der idiotisch ekstatisch überschwänglich ja atemlos und ganz unkontrolliert und sorgenfrei dahinläuft, als galoppierte ein Pferd unter den Wörtern. *Trau-*

rigkeit, andererseits, muss möglicherweise kurz sein. Scharf. Dunkel. Für sich.

Lautes Lesen bringt Sie auch an neue Orte. Plötzlich stehen Sie vor dem Haus. Machen sich auf zu einem unbekannten Ort. Haben Sie keine Angst, sich zu verlaufen. Reisen Sie fort, so weit Sie können. Finden Sie Abendröte und Dämmer. Füllen Sie Ihre Lungen damit. Nur so werden Sie mit dem Licht zurechtkommen. Machen Sie sich ruhig Sorgen. Das ist schon in Ordnung. Auch ins Dunkel will hineingehorcht werden.

Brecht stellte die Frage, ob in dunklen Zeiten gesungen werde, und er antwortete, jawohl, gesungen werde *von* den dunklen Zeiten.

Es sind in der Tat dunkle Zeiten: Seien Sie dankbar. Singen Sie davon.

Wer was wo wann wie warum

> ... das Ziel jedes Künstlers ist es, Bewegung, also das Leben, mit künstlichen Mitteln anzuhalten und so zu fixieren, dass es sich hundert Jahre später, wenn der Blick eines Fremden darauf fällt, wieder bewegt, eben weil es das Leben ist.
>
> *William Faulkner*

Manchmal sind die einfachsten Fragen die schwierigsten, aber das Wer-was-wo-wann-wie-warum-Konstrukt liefert die Nahrung für das Feuer des Autors.

Wenn Sie einen auktorialen oder personalen Erzähler haben, na gut, da sind Sie Gott, und Der darf ungestraft fast alles (sogar seinen eigenen Artikel großschreiben). Aber wenn Sie an einer Ich-Erzählung sitzen, müssen Sie sich einen Haufen wichtiger Fragen stellen.

Wer erzählt die Geschichte? Diese Frage ist wahrscheinlich am leichtesten zu beantworten, obwohl es eine Weile dauern kann, bis man sich über den Charakter der Figur im Klaren ist. Sie entscheiden sich für einen Erzähler, eine Erzählerin und beginnen ihr oder ihm Leben einzuhauchen: Lassen Sie sich auf dieses Abenteuer ein. Es könnten sogar mehrere Ich-Erzähler auftreten, aber Sie sollten sie allesamt in- und auswendig kennen.

Was geschieht? Darunter versteht man gemeinhin die Handlung oder den Plot (über dieses Rätsel später mehr), aber diese Frage ist auch spiralig mit allen anderen verbunden. Was geschieht, wird beeinflusst vom Wer, Wo und Warum. Der Erzähler berichtet nur seine Version der Ereignisse. Er kann zuverlässig sein oder auch nicht (eigentlich ist fast jeder Ich-Erzähler im Grunde unzuverlässig). Das Was ist die menschliche Musik der tickenden Zeit.

Wo wird die Geschichte erzählt? Das ist schon ein schwierigeres Unterfangen. Sie müssen sich die Geographie des Ortes vorstellen, den Ihre Figur gewählt hat, um ihre Geschichte zu erzählen. Malen Sie sich das Zimmer, die Stadt, das Land oder das Schiff aus, wo sie lebt. Dies ist der Ort, an dem sie sich entschieden hat, ihre Geschichte zu erzählen, und mithin der Schlüssel zum Wie des Erzählens. Sogar die Tapete beeinflusst unsere Wortwahl.

Der Tisch. Das Fenster. Das Krankenhausbett. Die Gefängniszelle. Der Laptop. Das Aufnahmegerät. Vergessen Sie das nie – der Ort wirkt auf die Sprache. Das hat er immer getan, und das wird er immer tun. Eine Geschichte aus einem Knast in Birmingham zu erzählen ist ganz anders, als sie von den Ufern des Mississippi zu erzählen. Eine Geschichte aus der 7 Eccles Street zu erzählen ist ganz anders, als sie aus einem Puff in Zürich zu erzählen. Achten Sie also sorgfältig darauf, wo Ihr Erzähler sitzt, wenn er seine Geschichte erzählt.

Wann wird die Geschichte erzählt? Diese Frage ist entscheidend und gleichwohl eine, die auch die besten Schriftsteller gern vergessen. Von welchem Zeitpunkt aus wird etwas erinnert? Eine Geschichte so zu erzählen, dass sie gestern geschah, ist etwas ganz anderes, als sie so zu erzählen, dass sie sich vor zehn oder zwanzig Jahren ereignet hat. Das dramatische Moment ist jeweils grundsätzlich verschieden. Die Zeit hat unsere Perspektive verschoben. Sie müssen wissen, wann die Figur beschlossen hat, die Geschichte an sich heranzulassen. Fällen Sie also eine Entscheidung und stehen Sie dazu. Zeit ist Distanz. Distanz ist Perspektive. Und die Perspektive wird durch Sprache bestimmt. Kennen

Sie die drei Ersteren, um Letztere zu erzeugen. Und dann lassen Sie die Geschichte sich in jener Zeit entfalten, die ihr am angemessensten zu sein scheint. (Eine Ich-Erzählung im Präsens ist hochkompliziert – wie kann jemand eine Geschichte erzählen, während er sie zugleich erlebt?) Sie müssen den Moment der Geschichte finden. Davon hängt alles ab. Wann ist der Augenblick des Absoluten? Wann geht es um alles? Wann hat sich die Welt verändert? Wann sind die Zeiger der Uhr stehengeblieben?

Wie verbindet sich die Geschichte mit all dem, das ihr vorausgegangen ist? Wie hat sie ihren Faden in die Welt gesponnen? Wie haben sich die Dinge abgespielt? Wie kommt es, dass wir uns an sie zu erinnern gelernt haben oder gerade jetzt diesen flüchtigen Moment erhaschen?

Und schließlich die sich der Beantwortung vielleicht am hartnäckigsten entziehende Frage: Wissen Sie, *warum* Ihr Erzähler, Ihre Erzählerin diese Geschichte erzählt? Jeder, der eine Geschichte erzählt, hat Gründe dafür. Geschichten werden in den unterschiedlichsten Absichten erzählt – um zu heilen, zu morden, zu stehlen, etwas wiederherzustellen. Um sich zu ver- oder zu entlieben. Um zu zerstören. Um anzuregen. Und selbst wenn eine Geschichte nur erzählt wird, um uns zum Lachen zu bringen, möchte der Erzähler meist auf mehr als bloße Unterhaltung hinaus. Geschichten sind wirksam. Sie schicken unsere Kinder in den Krieg. Sie leeren uns die Taschen. Sie brechen uns das Herz.

Wenn es Ihnen also gelingt, das wahre Motiv aufzudecken, das Ihre Figur antreibt, ihre Geschichte zu erzählen, dann haben Sie einen Grund gefunden, sie weiterzuerzählen. Wenn Sie das *Warum* entlarven, wird Ihnen die Sprache nur so aus den Fingern fließen. Seien Sie dankbar. Und legen Sie los.

Nach Strukturen suchen

> Das Buch ist nicht ein unmitteilsames Etwas: es
> ist eine Beziehung, eine Achse unzähliger Bezüge.
> *Jorge Luis Borges*

Jedes fiktionale Werk ist irgendwie organisiert –
und die besten sind es gründlicher, als sie durch-
blicken lassen. Unsere Geschichten vertrauen auf
das menschliche Gespür für architektonische Formen. Struktur ist ihrem Wesen nach ein Behältnis
für Inhalte. Die Form, in der unsere Geschichte
Platz findet, gleicht einem Haus, das langsam auf
einem Fundament hochgezogen wird. Es mag auch
ein Tunnel sein, ein Wolkenkratzer, ein Palast oder
sogar ein von Ihren Figuren kutschierter Wohn-
wagen. Struktur kann alles Mögliche sein; Sie müssen nur sicherstellen, dass sie nicht ein aufwendiges
Loch im Boden wird, in das wir uns hinuntergra-
ben, um dann nicht mehr herauszukommen.

Manche Autoren bemühen sich, im Vorwege

eine Struktur zu entwerfen, und passen ihr dann die Geschichte an, aber das erweist sich oft genug als Falle. Sie sollten nicht versuchen, Ihre Geschichte in vorgefertigte Strukturen zu zwängen. Das wäre doch zu sehr, als wollte man, um einen alten Spruch zu bemühen, sechs Pfund Scheiße in eine Fünf-Pfund-Tüte packen.

Geschichten sind behände Dinger. Man kriegt sie schwer zu fassen. Sie sind lebhaft. Und bisweilen gehen sie einem durch. Folglich sollten ihre Behältnisse anpassungsfähig sein. Natürlich sollten Sie eine grobe Vision haben, einen etwaigen Schlusspunkt, zumindest einen Traum davon, aber Sie sollten darauf vorbereitet sein, jäh ins Schleudern zu geraten und die Richtung wechseln zu müssen. Die besten Reisen sind die, bei denen wir nicht genau wissen, welchen Weg wir nehmen werden; wir haben zwar ein Ziel vor Augen, aber wie wir dort hinkommen, sollte offen sein. Manchmal müssen Sie die Reise sogar abbrechen, zurückgehen und eine neue Richtung einschlagen. All dies ist eng verwandt damit, ein Land zu finden, in dem Sie leben möchten, dann eine Provinz und schließlich ein Grundstück, das Ihnen gefällt. Auf diesem Grundstück wollen Sie ein Haus bauen, in dem Sie wirklich gerne leben. Bei der Entstehung dieses Hauses müssen Sie zugleich Fundamentleger, Maurer, Schreiner, Steinmetz, Tischler, Installateur, Stuckateur, Designer, Bewohner, Eigentümer und, jawohl, sogar das Gespenst auf dem Dachboden sein.

Eine vernünftige Struktur ist ein Abbild des Inhalts der Geschichte, den diese vermitteln möchte. Sie gibt den Figuren Halt und treibt sie zugleich an. Am vollkommensten gelingt ihr das gewöhnlich, wenn sie selbst nicht weiter auffällt. Die Struktur sollte sich aus Figurenzeichnung und Plot ergeben, was im Grunde heißt: aus der Sprache. Mit anderen Worten, die Struktur ist fortwährend im Fluss. Sie finden sie im Verlauf der Arbeit. Kapitel für Kapitel. Stimme für Stimme. Fragen Sie sich, ob es sich richtig anfühlt, die Geschichte in einem Rutsch zu erzählen, oder ob sie in Abschnitte unterteilt, mit vielen Stimmen oder gar in Stilvarianten erzählt werden sollte. Sie tasten sich durchs Dunkel vor und probieren ständig Neues. Bisweilen finden Sie die Struktur erst, wenn Sie halb, oder sogar erst, wenn Sie fast ganz fertig sind. Das ist in Ordnung. Vertrauen Sie darauf, dass sie schon irgendwann zutage treten und Sinn ergeben wird.

Die Erzählperspektive spielt dabei eine große

Rolle. Vielleicht brauchen Sie ja ein düsteres Zimmer im Haus. Eine getäfelte Bibliothek. Eine bestimmte Figur wird Sie dort hinführen. Sie wird Ihnen die Sprache eingeben, mit der Sie die Atmosphäre schaffen: die Vorhänge, den Schreibtisch, das Lampenlicht, den Geheimgang unter dem Holzfußboden. Das Zimmer muss der Figur entsprechen. Sie *lebt* dort. Eine andere Figur wird einen Wintergarten brauchen. Eine weitere wird wie ein Fels an der Kücheninsel sitzen wollen. Wieder andere brauchen eine Wendeltreppe. Noch andere sind mit dem Kohlenschuppen zufrieden.

Gehen Sie einfach los und schauen sich jedes x-beliebige Haus oder Bauwerk an, das in Ihrer Nachbarschaft errichtet wird. Achten Sie darauf, wie nackt und kahl es Ihnen zunächst vorkommt. Wie unmöglich es scheint, dass dieser große, luftige, aus Sperrholz zusammengenagelte Kasten sich irgendwann in einen Ort verwandeln wird, an dem Leute sich lieben und auf den Tod nicht ausstehen können. Dann gehen Sie nächste Woche wieder hin. Und in der Woche darauf. Was erst nichts war, ist jetzt etwas geworden. Lassen Sie sich von der Physik dieses Wandels verblüffen.

Häufig ist das Werk großer Schriftsteller überraschend mathematisch strukturiert. Machen Sie sich keine Sorgen. Diese Mathematik hat sich irgendwann eingestellt. Die Verfasser haben das nicht von Anfang an so geplant; sie haben diese Ordnung erst bei der Arbeit entdeckt. In dieser Hinsicht unterscheiden sie sich von Architekten. Sie sind nicht durch streng festgelegte Regeln gebunden. Kein Gesetz schränkt sie ein. Die Mathematik ergibt sich aus der Poesie. Die Poesie wiederum wird dann von der Mathematik in der Schwebe gehalten.

Also schreiben Sie und formen Sie um und tun Sie das wieder und wieder, bis Sie irgendwann die Struktur hervortreten sehen. Je härter Sie arbeiten, desto klarer wird sie sich zeigen. Sie wird eine Form annehmen, die Sie erkennen können: eine Form, die sich niemals von selbst eingestellt hätte. Die Mühe hatte ihren Sinn.

Nun, da Sie Ihr Haus – zumindest annähernd – fertig haben, werden Sie hier ein Zimmer umbauen, dort ein Türmchen hinzufügen, die Kellertreppe neu verlegen und den Kamin versetzen. Schließlich wird dabei ein Ort herauskommen, an dem Sie wirklich gerne leben wollen. Dann laufen Sie darin herum und fügen hier noch eine Tür, dort eine Wand hinzu, kappen hier und begradigen dort etwas, räumen auf, schleifen ein paar renitente Kanten ab, stellen Möbel hinein und putzen den Baustaub von den Fenstern.

Dann werden Sie einen Gast einladen müssen, damit er sich darin umsieht. Dieser Leser wird sich nicht das Fundament, die Kabelführung in der Wand oder auch nur die Baupläne anschauen wollen. Das ist – und war – Ihr Job. Ihr Geheimnis. Der Leser sollte sich in diesem Bauwerk, ob Palast, Hütte oder Bootshaus, wohl fühlen.

Vergessen Sie nie, dass er sich fast immer in einer nahezu geraden Linie durch Ihr Bauwerk bewegen wird, auch wenn der Autor beim Bau von hier nach dort gesprungen ist. Folgen Sie Ihrem Besucher also auf dem Fuß und werfen Sie kritische Blicke in die Runde. Ist es ambitioniert genug? Hat es zu viele Fenster? Haben Sie etwas gebaut, das noch niemand zuvor gebaut hat?

Am Ende kennen nur Sie allein die Geheimnisse Ihrer Schöpfung. Struktur ist die Skulptur im Stein. Sie erwecken sie durch ständiges Meißeln zum Leben. Irgendwann wird sie im Museum für gutes Erzählen stehen. Beginnen Sie mit der Sprache, dann gestaltet der Inhalt die Form.

Letzte Anmerkung: Gott sei Dank werden Sie

in diesem Bauwerk nicht für immer leben müssen. Niemand bleibt in diesem Leben ewig an einem Ort. Irgendwann werden Sie sich wieder mit Hammer und Nägeln auf den Weg machen.

Worauf es ankommt:
Sprache und Plot

> Ich denke, Plot ist die letzte Zuflucht des guten
> Autors und die erste Wahl des beschränkten.
>
> *Stephen King*

Wir Lehrer, Lektoren, Agenten und Leser begehen
oft den Fehler, uns zu sehr auf den Plot zu kaprizieren: der ist nämlich in einem literarischen Werk
nicht das A und O. Natürlich kommt es auf den Plot
an, aber er ist immer der Sprache untergeordnet.
In einer guten Geschichte ist er zweitrangig, denn
was geschieht, ist niemals so interessant wie die Art
und Weise, auf die es geschieht. Und die wird dadurch bestimmt, wie die Sprache sie darstellt und
wie unsere Phantasie diese Sprache in Handlung
übersetzt. Alle möglichen fülligen Männer können
Treppen hinuntergehen, aber nur Joyce kann den
stattlichen, dicken Buck Mulligan vom Austritt
oben an der Treppe mit einem Rasierbecher in der

Hand herunterkommen lassen, auf dem kreuzweise ein Spiegel und ein Rasiermesser liegen.

Also lassen Sie mich bitte Musik hören, junger Maestro. Intonieren Sie, wie noch niemand intoniert hat. Halten Sie die Zeit an. Zelebrieren Sie sie. Zerstören Sie sie. Verlangsamen Sie auf eine Weise die Uhr, dass jede einzelne Sekunde in Stunden vertickt. Machen Sie Quantensprünge in die Vergangenheit. Schlagen Sie Ihre Erinnerungsbögen mit Unterschnitt. Seien Sie an zwei, drei Orten zugleich. Häckseln Sie Erzähltempo und -abfolge. Machen Sie alles Vorstellbare möglich. Bringen Sie hohe Gebäude in die Skyline zurück. Entschlammen Sie den Mississippi.

Vielleicht sind wir heutzutage alle besessen vom Plot. Aber mal ehrlich, Plot ist gut für Filme, bei Büchern führt übermäßiger Gebrauch zum Zusammenbruch. Also lassen Sie Luft ab bei Ihrem Plot. Lauschen Sie der stillen Zeile. Jeder kann eine große Geschichte erzählen, klar, aber nicht jeder kann Ihnen etwas Schönes ins Ohr flüstern. In der Welt des Filmes brauchen wir Motive, um Handlung auszulösen, in der Literatur jedoch brauchen wir Widersprüche, um Handlung, aber auch Nicht-Handlung auszulösen. Nichts ist besser als ein spektakulär gefrorenes Bild. Nichts effektiver als eine vorübergehend vom Leben gelähmte Figur.

Der großartigste Roman aller Zeiten kommt mit sehr wenig sichtbarem Plot aus. Ein gehörnter Ehemann spaziert vierundzwanzig Stunden lang durch Dublin. Keine Schusswechsel, keine schlechten Witze, keine Autounfälle (obwohl irgendwann eine Keksdose durch die Luft fliegt). Stattdessen ein riesiges Kompendium menschlicher Erfahrung. Doch entkräftet dies nicht das Argument, dass jede jemals erzählte Geschichte irgendeine Art Plot hat (vor allem *Ulysses*, das wahrscheinlich plotreicher ist als jedes andere Buch).

Letztlich läuft es darauf hinaus, dass uns der Plot irgendwie ans Herz gehen muss. Uns verändern muss. Uns merken lassen muss, dass wir am Leben sind.

Wir müssen die Musik des Geschehens lieben. Dann führt eins zum anderen. Und die Angelegenheiten des menschlichen Herzens werden vor uns ausgebreitet. So also funktioniert Plot. Alles kann geschehen, sogar gar nichts. Und selbst wenn gar nichts geschieht, verändert sich die Welt Sekunde um Sekunde, Wort für Wort. Das ist vielleicht das Allererstaunlichste am Plot.

Satzzeichen:
kein Wegwerfartikel

> Kunst ist Schönheit, die stete Ausschmückung
> mit Details, die Wahl der Worte, die ausgesuchte
> Sorgfalt bei der Umsetzung.
>
> *Théophile Gautier*

Wer einmal lügt, dem glaubt man nicht. Wer einmal lügt, dem glaubt man, nicht?

Satzzeichen sind wichtig. Ja, bisweilen entscheiden sie über Leben und Tod eines Satzes. Gedankenstrich. Punkt. Komma. Semikolon. Auslassungspunkte. Klammern. Sie sind sein Behältnis. Sie stützen Ihre Worte. Sollte sich ein Autor mit Grammatik auskennen? Na klar. *Joyce' Romane lesen? Trotzdem die schwierig sind? Macht Sinn. Wie schön, das vieles nicht so einfach ist.* Stolperfallen überall.

Strapazieren Sie das Semikolon nicht zu sehr; es ist, richtig angewendet, ein muskulöses Komma.

Klammern in fiktionalen Texten erregen zu viel Aufmerksamkeit. Lernen Sie die richtige Positionierung des Genitiv's (hoppla: sorry, Genitiv-S). Vermeiden Sie am Satzende übermäßig viele Auslassungspunkte, die wirken einfach zu melodramatisch … (sehen Sie!)

Die Grammatik wandelt sich mit den Jahren, fragen Sie nur mal Shakespeare, Beckett oder die guten Leute vom *New Yorker*. Letztlich wird die Sprache der Straße zur Sprache der Schule. Das ist eben der Unterschied zwischen Präskription und Deskription. Doch denken Sie daran: Falls (oder sollten wir lieber *wenn* sagen?) Sie einen Verlag finden, hat der ein Lektorat und ein Korrektorat, die Ihre Fehler beheben oder zumindest Änderungen vorschlagen werden. Sie haben also eine Art Sicherheitsnetz.

So viel hängt ab, wie William Carlos Williams in seinem berühmten Gedicht sagt, von

einem roten Hand-
karren,

vor allem wenn der Karren allein auf einer Zeile steht.

Andererseits kann man einen Satz auch zu streng examinieren. Gute Grammatik kann einen Text – sogar einen Handkarren – bremsen. Dann erstarrt auch die noch so perfekte Wortkaskade. Gelegentlich müssen wir uns einfach ein paar Kommata sparen oder unsere Satzenden ganz unkultiviert in der Luft hängen lassen. Bisweilen machen wir in voller Absicht einen Fehler. Dann schreiben wir einen Satz hin, der tatsächlich nicht korrekt ist, der aber singt. Und die Frage ist: Wären Sie lieber der Ornithologe oder der Vogel?

Autoren haben eher ein Gespür für Grammatik, als dass sie sich damit auskennen würden. Das kommt vom Lesen guter Bücher. Wenn Sie genug lesen, stellt sich die Beherrschung der Grammatik von selbst ein. Am Ende ist die Sprache mit ihrem Schuhputzerglanz so viel wichtiger als die Manieren, die ihr die Grammatikpolizei beibringen will.

Mein Wort darauf.

Recherche: Google ist nicht gründlich genug

> Es gibt das Bekannte und das Unbekannte;
> dazwischen liegen die Pforten der Wahrnehmung.
> *Aldous Huxley*

Recherche ist das Fundament fast jeder Erscheinungsform des guten Schreibens, sogar der Lyrik. Wir müssen uns die Welt jenseits unserer bekannten Welt erschließen. Wir müssen uns in ein Leben, in eine Zeit oder Weltgegend versetzen können, die uns nicht unmittelbar vertraut ist. Oft werden wir aus einer anderen geschlechts-, rasse- oder zeitspezifischen Perspektive schreiben wollen. Das erfordert gründliche Recherche.

Um das vermeintlich Unbekannte muss man sich bemühen. Wir müssen uns Zugang zu mehr als einer authentischen Stimme verschaffen. Und zwar auf ehrliche und faire Weise. Aber wie über Existenzen schreiben, die sich, zumindest an der Oberfläche, stark von unserer eigenen unterscheiden? Wie können wir eine Erfahrungswelt kreieren, die erfunden, aber gleichwohl wahr ist? Wie treten wir aus uns selbst heraus?

Ein Teil der Antwort lautet: durch vernünftige, gründliche, verantwortungsbewusste Recherche.

Google hilft da schon, aber die Welt ist so viel komplexer als Google. Eine Suchmaschine kann es nicht mit all den Bibliotheken auf der Welt aufnehmen, in denen die Bücher tatsächlich existieren, leben, atmen und sich, selbst im staubigen Keller, austauschen. Also gehen Sie in die Bibliothek. Schauen Sie sich die Kataloge an. Begeben Sie sich in die Kartenabteilung. Öffnen Sie die Kästen mit den Fotografien. Bibliothekare lieben nichts mehr als eine nahezu unbeantwortbare Frage. Sie sind Experten im Aufspüren von Experten.

Wenn Sie ein Leben kennenlernen wollen, das nicht das Ihre ist, tun Sie gut daran, ihm wenigstens halbwegs entgegenzukommen. Gehen Sie hinaus auf die Straße. Sprechen Sie mit Leuten. Zeigen Sie Interesse. Lernen Sie zuzuhören. Geben Sie Ihren Ohren Zeit, sich darauf einzustellen. Und wenn Sie über eine andere Ära sprechen, müssen Sie zumindest wissen, wohin sie uns geführt hat. Wenn Sie also das Leben eines hispanischen Werftarbeiters in Florida um 1940 herum ergründen wollen, nun, dann fahren Sie nach Florida, gehen Sie in eine Werft, fragen Sie sich durch, finden Sie jemand, der jemand kennt, oder jemand, der sich an jemand erinnert, und wenn Sie den nicht finden, werden Sie zumindest in Ihrer Phantasie jemand gefunden haben. Wenn man genügend Schlüssel ausprobiert, öffnet sich irgendwann das Schloss.

Der Schlüssel ist: Sie müssen das göttliche Detail finden, und je spezifischer es ist, desto besser. Maupassant wird der Satz zugeschrieben, wir sollten niemals einen Aschenbecher erwähnen, sofern wir nicht zügig in der Lage seien, ihn einzigartig zu machen.

Die Kunst ist eine Art und Weise, mit der Welt zurechtzukommen, indem wir sie unters Mikroskop legen. Kleine Vorsätze enthüllen den Zweck der großen. Die meisten von uns leben ohnehin in einer kleinen Welt. Und je winziger das Detail, desto rätselhafter ist es. Fragen Sie mal ein Quark nach seinem Geschmack, seiner Farbe oder seinem Spin. Je rätselhafter, desto mehr Potenzial für Schönheit. Doch da Gott im Detail steckt, tut es der Teufel auch.

Bitte denken Sie daran, dass Sie womöglich scheitern werden, wenn Sie die Recherche falsch angehen. Bisweilen überfrachten wir unsere Texte mit zu vielen offenkundigen Informationen. Oft ist es angebracht, stattdessen Leerstellen zu lassen, die wir mit der Kraft unserer Phantasie ausfüllen können. Fragen Sie sich immer: Wie viel Recherche würde ausreichen? Korrumpieren Sie Ihre Texte nicht mit *Fakten, Fakten, Fakten*. Fakten sind käuflich. Sie können manipuliert, verkleidet und sonst wohin verfrachtet werden. Konsistenz ist wichtiger als Fakten.

Fokussieren Sie auf das kleine Detail, das die Welt dahinter sichtbar macht. Alles muss darauf hinauslaufen, dass Sie dieses ungewöhnliche Detail finden, das allenfalls Experten kennen. Das eine kleine Atom, das die anderen Elemente der Struktur offenlegt. Finden Sie es, benutzen Sie es, aber lenken Sie nicht zu viel Augenmerk darauf … das ist die Zauberpille jeglicher Recherche. Geben Sie sich den Anschein, ein Experte zu sein, sogar gegenüber den Experten.

Der kumulative Effekt Ihrer sorgfältig recherchierten Details wird Ihre Geschichten zum Singen bringen.

Bitte kein Rost auf Ihren Sätzen

«Ich habe den ganzen Tag hart am Ulysses gearbeitet», sagte Joyce.» «Heißt das, dass Sie viel geschrieben haben?», sagte ich. «Zwei Sätze», sagte Joyce. «Haben Sie nach dem mot juste gesucht?», sagte ich. «Nein», sagte Joyce. «Die Wörter hab' ich schon. Ich suche nach der vollkommenen Anordnung der Wörter im Satz.»

Frank Budgen

Sie sollten Ihr Werk so verfassen, als wollten Sie Ihrer Leserin oder Ihrem Leser einen jeden sorgfältig gebauten Satz einzeln schicken. Prosa sollte genauso achtsam geschrieben sein wie Lyrik. Es kommt auf jedes Wort an. Prüfen Sie auf Rhythmus und Genauigkeit. Halten Sie Ausschau nach Assonanzen, Alliterationen und Reimen. Achten Sie auf interne Echos. Variieren Sie. Das Schreiben ist eng mit dem Tanzen verwandt. Hören Sie genau hin, während es sich erschafft. Lassen Sie niemals zu, dass Fahrstuhlmusik dabei herauskommt. Erst Ihre Fähigkeit, das Letzte aus sich herauszuholen, wird Sie von anderen unterscheiden.

In jeder Form des Schreibens geht es um Grenzüberschreitung, aber es sollte niemals einen Satz geben, der nicht zumindest eine Richtung vorgibt. Segeln Sie hart am Wind. Seien Sie da, wenn das Brot aus dem Ofen kommt. Bedenken Sie jedoch, dass gewisse Metaphern totgeritten sind. Keine *heißen Tränen* mehr. Keine *milchweißen Schenkel*. Keine Traumsequenzen. Keine *blutroten Sonnenuntergänge*. Keine Besuche im literarischen Souvenirladen. Anstatt Ihre Figur nüchtern die Straße entlanggehen zu lassen, lassen Sie sie schlendern, schlurfen, trippeln oder hoppeln (im Wissen, dass ab und zu *gehen* das perfekte Wort ist).

Denken Sie auch daran, dass ein schlichtes Wort herauszuputzen bisweilen bedeutet, dass man ihm seine Kraft nimmt. Durch Wiederholung – sofern sie genügend oft erfolgt – erzielt man auch Wirkung. Fragen Sie Hemingway, Chatwin oder McGahern. Finden Sie den Satz, der Sie überrascht, und dann überraschen Sie sich nochmals, indem Sie noch mehr Überraschungen einbauen.

Bringen Sie Wörter zusammen, die noch niemand zusammengestellt hat. So erreichen wir das Einzigartige. Zuzeiten werden Sie wochenlang an einem einzigen Satz arbeiten. Sogar monatelang. Das ist kein Witz. Platzieren Sie bisweilen in einer Reihe von spektakulären Sätzen einen gänzlich banalen. Oder umgekehrt. Gelegentlich müssen Sie den Wert der zielgerichteten Langeweile eines Satzes anerkennen.

Was auch immer Sie tun, machen Sie es unzweifelhaft persönlich. Imitieren Sie, aber schreiben Sie nicht ab. Imitieren Sie nur, um die Ausgangssprache alsbald hinter sich zu lassen. Nur Carver konnte wie Carver schreiben. Also nehmen Sie Carver, aber carvern Sie neu. Ändern Sie Sätze, die bislang unveränderlich erschienen.

Und dann schicken Sie diese Sätze an einen Leser, den Sie schätzen, einen Umschlag nach dem anderen.

Hoffen als Gewohnheit

Schönheit in einer zerbrochenen Welt zu finden bedeutet, Schönheit in der Welt zu erschaffen, die wir vorfinden.

Terry Tempest Williams

Finden Sie Ihr Leben – jenseits des Schreibens – lebenswert. Gewöhnen Sie es sich an zu hoffen. Gönnen Sie sich trotz aller Widrigkeiten der Welt die eine oder andere Freude. Und versuchen Sie die Welt zu widerlegen, wo immer es Ihnen möglich ist.

Es gibt keine
Literaturolympiade

Große Romane sind immer ein bisschen intelligenter als ihre Verfasser.

Milan Kundera

Sie stehen mit niemand in Wettbewerb. In der Literatur gibt es keine Olympiade. Kein Gold, Silber, Bronze, selbst wenn die Literaturpreise so etwas nahelegen. Sie werden bald herausfinden, dass das Wort *am besten* nicht ins eigentliche Endspielrepertoire des Autors gehört, obwohl *besser* darin untergebracht werden kann. Wonach Sie streben sollten, ist, *besser* zu schreiben. So einfach ist das.

Sie sollten Ihre Energien gänzlich auf Ihr eigenes Werk konzentrieren. Der Erfolg oder Misserfolg anderer wird Ihnen keine neuen Sätze aus den Fingerspitzen fließen lassen. Die gute Besprechung des Buches eines anderen wird Ihnen nicht die Möglichkeit rauben, selbst gut besprochen zu werden. Schließlich mangelt es nicht an guten Besprechungen. Dass jemand anders ein gutes Buch geschrieben hat, bedeutet nicht, dass Sie es nicht auch könnten. Dass jemand einen großen Vorschuss bekommt, schmälert nicht Ihre eigenen Chancen darauf.

Beklagen Sie sich nicht über andere Autoren, auch wenn Sie hören, wie die sich über Sie beklagen. Lassen Sie sie. Die stehen am nächsten Morgen heiser auf. Sie hingegen werden inzwischen Gelegenheit finden, den einen oder anderen hohen Ton zu treffen. Nur keine Rachsucht. Ein guter Satz ist Rache genug.

Wenn Sie bloß schreiben, um jemand aus dem Feld zu schlagen, dann schreiben Sie mit unsichtbarer Tinte. Sehen Sie ihr beim Verschwinden zu.

Lassen Sie sich stattdessen von Respekt leiten. Bleiben Sie bescheiden. Schauen Sie nach vorn. Loben Sie den, der Lob verdient. Und schweigen Sie möglichst über die anderen.

Das heißt nicht, Sie dürften nicht besser sein wollen als andere Autoren – besser sein gehört zu Ihrem Job. Aber auf bessere Weise besser sein. Auf eine Weise, die Sie zwingt, in Wettbewerb mit sich selbst zu treten. Seien Sie hart und ehrlich. Wollen

Sie jemand eine verpassen, versuchen Sie es zunächst mit Ihrer eigenen Kinnlade: Bekommen Sie einen Eindruck davon, wie sich das anfühlt, und damit lassen Sie es gut sein.

Die zerstörerischste Kraft in Ihrem Leben ist wahrscheinlich die der ungeschriebenen Geschichte. Wenn Sie nicht schreiben, sind Sie kein Autor. Sie gehen dem Wettbewerb mit sich selbst aus dem Weg. Das ist eine simple Logik; dennoch ist die leere Seite ein Schlag in die Magengrube. Zu viel unbeschriebenes Papier ist nicht gut. Leer ist leer. Und diese Leere verfolgt einen.

Aber lähmen Sie sich nicht, indem Sie ständig zu viel nachdenken. Man kann auch zu streng mit sich sein. Seien Sie sich der Tatsache bewusst, dass es jedem Autor zumindest einmal im Leben gelingt, ein sehr schlechtes Buch abzuliefern. Den meisten von uns gelingen viele. Doch selbst schlechte Werke sind eine Errungenschaft. Jedenfalls geht davon die Welt nicht unter. In Wahrheit ist dies der natürliche Lauf der Dinge. Sie müssen auch am nächsten Morgen wieder aufstehen können. Und am übernächsten.

Nur für kurze Zeit können Sie, junge Autorin, junger Autor, die eherne Zuversicht aufbringen, der Morgen werde ewig dauern. Nur für kurze Zeit können Sie so optimistisch bleiben, wie Sie es im Augenblick sind. Denn, ob es Ihnen gefällt oder nicht, irgendwann wird aus dem jüngeren Autor der ältere werden, der gleichwohl noch freudig durchs Leben schlurft.

Wie alt ist der junge Autor?

> Die ganze Vorstellung, dass die Leute eine Ahnung davon hätten, wie die Welt funktioniert, ist doch nur ein Stück lachhafter metaphysischer Kolonialismus, der den wilden Weiten der Zeit aufgezwungen wurde.
>
> *Lorrie Moore*

Wie alt ist der junge Autor? Der junge Autor kommt in jeder Altersgruppe vor. Siebzehn, sechzig, sechsundvierzig, wen kümmert's. Der jüngste dieser jungen Autoren will immer möglichst publiziert sein, bevor er achtzehn wird, aber spätestens mit fünfundzwanzig. Das ist ein hehres Ziel, das man Ihnen nicht ausreden sollte, aber falls nichts daraus wird, keine Sorge. Dreißig ist auch okay. Fünfzig ist nicht schlecht. Sogar mit vierundsechzig kann man noch anfangen: Denken Sie an Frank McCourt. Und mit neun ist es auch nicht schlecht.

Vergessen Sie nie, dass der junge Autor die Zeit nicht anhalten kann. (Das können wir nur in der Literatur.) Dass jemand jünger ist als Sie, heißt nicht, dass sie oder er überdauern wird. Es ist in Ordnung, wenn Sie sich unter Druck setzen – das gehört zu Ihrem Wettbewerb mit sich selbst. Sich darüber zu beklagen ist hingegen nicht in Ordnung. Es ist nicht in Ordnung zu denken, Sie wären zu alt oder Ihre Zeit wäre vorbei. Sie können nicht einfach aufgeben. Es gibt nichts Schlimmeres als einen begabten Autor, der sein Leben bereut, umso mehr, wenn er zulässt, dass diese Reue ihn zum Schweigen bringt. Sie können immer noch zum Stift greifen, auch wenn alle längst vermuten, Sie hätten das Handtuch geworfen. Das ist das Schöne daran. Sie sind ein besonderer Athlet. Ihr Gehirn muss nicht in Rente gehen. Also fangen Sie noch einmal an. Bringen Sie wieder Leben in die Sache. Ziehen Sie den Karren aus dem Dreck. Stehen Sie morgens eine Stunde früher auf und erledigen Ihre Arbeit, und wenn es heimlich sein muss.

Es ist in Ordnung, wenn es Sie ärgert, dass jemand viel Jüngeres gerade veröffentlicht worden ist. Gehen Sie in die Buchhandlung, nehmen Sie ein Exemplar ihres Buches in die Hand, starren Sie auf die Klappen. Sezieren Sie die Biographie. Flüstern Sie einen bewundernden Fluch: *Verdammt, ist die jung*. Dann sagen Sie: *Na und?*, gehen nach Hause und schreiben mit frischem Elan weiter.

Damit verbunden noch ein Rat an Autoren, die glauben, die Zeit wäre an ihnen vorbeigegangen: Erzählen Sie nicht zu vielen Menschen, dass Sie an einem Buch arbeiten. Geben Sie niemandem die Chance, Sie zu fragen, ob es schon fertig sei. Lassen Sie sich auf Partys nicht foltern. Es gibt kaum Schlimmeres als die Frage: *Wie geht's denn mit Ihrem Buch voran?* (Sie ist fast genauso schlimm wie die Nachricht, jemand anders habe tatsächlich ein Buch fertig.) Die meisten Menschen wissen gar nicht, wie lange es eigentlich dauert, ein Buch zu schreiben. Sagen Sie einfach, es ginge voran – selbst wenn es das nicht tut. Arbeiten, gestalten Sie weiter. Irgendwann wird es fertig sein. Vielleicht früher, als Sie denken.

Seien Sie kein Arsch

> Drei Dinge sind im Leben eines Menschen wichtig. Erstens: Menschlichkeit. Zweitens: Menschlichkeit. Drittens: Menschlichkeit.
>
> *Henry James*

Hey, Sie. Da drüben in der Ecke. Ja, Sie mit dem dämlichen Grinsen. Drehen Sie sich nicht weg, dieses Grinsen kenne ich, das habe ich früher auch immer aufgesetzt. Passen Sie auf. Ja, Sie da. Der Sie nur mit einem Ohr zuhören und so tun, als ginge Sie das hier nichts an. Hängen Sie bloß nicht zu sehr an Ihren romantischen Illusionen über sich. Hören Sie mich? Ja, Sie. Da drüben mit dem vorgereckten Kinn. Passen Sie auf. Entspannen Sie sich mal ein bisschen.

Beim Leben als Autor geht es nicht um Koks oder die White House Tavern, die Acidpille oder den Crazy Horse Saloon, die Phiole Laudanum oder spätabendliche Flaschenbierbesäufnisse. Auch nicht um den Kater danach. Oder die Party im Lagerhaus. Oder das Coverfoto. Oder die Einträge bei Facebook. Oder die Tweets oder Twats oder wie sie heißen. Es geht nicht um das Hemd, das Sie tragen, nicht um den Hut, den Schal oder den weißen Anzug oder was dergleichen lächerliche Manieriertheiten mehr sind, *mea culpa*. Es geht nicht ums Rampenlicht. Es geht nicht um Schadenfreude. Es geht nicht darum, sich selbst auf die Schulter zu klopfen.

Am Ende kümmert das Leben des Autors die Leute einen Scheiß, wenn nicht zunächst das Schreiben stimmt. Nur das zählt. Das ist das erstrangige Ziel. Was auf der Seite steht, macht Ihr Leben interessant.

Zu viele junge Autoren definieren sich über ihre Rolle als Schriftsteller anstatt darüber, was sie geschrieben haben. Gewöhnen Sie sich daran: Es muss auf der Seite stehen. Also laufen Sie nicht herum und halten sich für einen Schriftsteller. Nichts ist schlimmer als ein zwanghaft mit sich selbst beschäftigter Schreiberling. Halten Sie also nicht die Stimmung am Rande der Party mit Ankündigungen über Ihre brandneue Kurzgeschichte hoch. Gehen Sie nicht in Workshops, um über Ihre neue Eröffnungssalve zu plaudern. Lenken Sie keine Aufmerksamkeit auf irgendeinen Teil Ihres Lebens als Schriftsteller oder, noch schlimmer, als «Künstler». Wenn jemand wirklich Bescheid wissen will, wird er schon fragen. Sagen Sie nichts. Oder erst, wenn es erforderlich ist.

Verstehen Sie mich nicht falsch: Ich rede hier nicht dem lupenreinen Benehmen, der leeren Hausbar oder der Überkorrektheit das Wort. Sie müssen kein Leben ohne Fehl und Tadel führen. Sie müssen nicht immer nüchtern sein (aber bitte dann, wenn Sie schreiben; tappen Sie ja nicht in diese Falle). Sie müssen nicht unterwürfig sein. Sie müssen vor niemand katzbuckeln. Sie müssen auch nicht älteren Kollegen zuhören, wenn die große Reden schwingen. Eigentlich sollten Sie diesen Brief vergessen; gehen Sie, verschwinden Sie, setzen Sie sich an den Schreibtisch. Lassen Sie es krachen. Machen Sie Ihr eigenes Ding. Finden Sie heraus, was es dazu braucht. Der Autor schreibt.

Doch zuvor gestatten Sie mir noch die vier Worte des weisesten Rates, den ich zu geben vermag: *Seien Sie kein Arsch*. Bei der Party. In der Buchhandlung. Auf der Seite. Im eigenen Kopf. Beschimpfen Sie niemand. Beleidigen Sie Ihre Kolleginnen und

Kollegen nicht. Erzählen Sie den Leuten nicht, wie toll Sie sind. Trinken Sie nicht den ganzen Wein aus. Beklagen Sie sich nicht, es höre ja keiner zu. Vernachlässigen Sie Ihre Freunde nicht. Feixen Sie nicht. Halten Sie sich nicht für etwas Besseres. Lassen Sie Ihre Bescheidenheit nicht in Arroganz ausarten. Rauchen Sie nicht, wenn man Sie gebeten hat, es zu unterlassen. Werfen Sie nicht das Tafelsilber vom Balkon. Tratschen Sie nicht. Kotzen Sie nicht auf den Teppich. Treten Sie dem Gastgeber nicht zu nahe. Seien Sie nicht herablassend. Lassen Sie Ihre Partnerin, Ihren Partner nicht im Stich. Sprechen Sie nicht über Ihren Vertrag. Erwähnen Sie nicht Ihren Vorschuss. Seufzen Sie nicht. Gähnen Sie nicht. Geben Sie dem Affen, sich öffentlich produzieren zu müssen, keinen Zucker. Kanzeln Sie niemand ab. Lassen Sie nicht abschätzig den Blick durchs Zimmer schweifen. Lügen Sie nicht. Schleimen Sie nicht. Lassen Sie nicht den Namen Ihres Verlegers fallen. Brüsten Sie sich nicht mit sich selbst. Bevormunden Sie niemand. Erniedrigen Sie niemand. Tun Sie's einfach nicht. Tun Sie's nicht. Tun Sie's nicht. Seien Sie kein Arsch.

Seien Sie aber auch nicht zu nett (zumindest in Ihren Texten)

> Mach keine Fehler und führe keine vollkommenen Charaktere ein. Lass sie Menschen, Menschen, Menschen sein, lass sie nicht zu Symbolen werden.
>
> *Ernest Hemingway*

Alle glücklichen Familien gleichen einander, sagte Tolstoi, jede unglückliche Familie ist auf ihre eigene Weise unglücklich. Stellen Sie sich also diese Fragen: Gestalten Sie Ihre Figuren zu nett? Sind sie zu aufrichtig? Haben Sie ihnen Ecken und Kanten gegeben? Ihnen kleine Schwächen geschenkt? Haben sie etwas Wahrhaftiges und etwas Entsetzliches (und etwas wahrhaft Entsetzliches) an sich? Können wir etwas mit ihren Dämonen anfangen?

Unsere Figuren brauchen unverwechselbare Merkmale. Haben Sie keine Angst davor, sie in Schwierigkeiten zu bringen. Sie können gemein, unzuverlässig, rassistisch, einsam, verloren, idiotisch und kaputt sein – wie wir alle. Schließlich ist dies das reale Leben. Allermindestens seine Neuschöpfung.

Und lassen Sie Ihre Figuren nicht allein oder für eine einzelne Idee stehen. Stellen Sie stets sicher, dass ihr metaphorischer Anteil solide grundiert ist.

Was Ihr eigenes Leben betrifft (oder dessen Wahrnehmung durch Sie, auf jeden Fall auch eine Fiktion), so wird es immer Stolpersteine geben. Streit, Scheidung, Schlägereien an der Straßenecke. Unaufrichtige Worte, Täuschung, Verrat, Hinterlist und meterhoher Bockmist, durch den man sich kämpfen muss. Gewöhnen Sie sich daran. Das ist eben das Leben.

Daraus mag Material für Geschichten werden oder auch nicht, aber die wichtigste Sache ist die, dass Sie das Leben nicht verleugnen können. Also schreiben Sie einfach weiter, erschaffen Sie Leben aus dem Leben, Rippe aus Rippe, Schwäche aus Schwäche.

Scheitern, scheitern, scheitern Sie

Einerlei. Wieder versuchen. Wieder scheitern. Besser scheitern.

Samuel Beckett

Beckett hat es am besten formuliert, und es verdient, häufig wiederholt zu werden. «Einerlei. Wieder versuchen. Wieder scheitern. Besser scheitern.»

Scheitern ist gut. Scheitern kündet von Ehrgeiz. Scheitern kündet von Kühnheit. Es erfordert Mut zu scheitern und noch mehr Mut zu wissen, dass Sie scheitern werden. Wachsen Sie über sich hinaus. Die wahre Kühnheit zeigt sich in der Fähigkeit, zum Briefkasten zu gehen, obwohl Sie wissen, dass ein weiterer Ablehnungsbrief darin liegen wird. Zerreißen Sie ihn nicht. Verbrennen Sie ihn nicht. Pinnen Sie ihn lieber an die Wand. Heben Sie ihn auf und lesen ihn ab und zu. Seien Sie sich dabei dessen bewusst, dass dieser Brief in späteren Jahren eine nostalgische Erinnerung sein wird. Er wird vergilben und sich einrollen, und Sie werden sich daran erinnern, wie es sich einst anfühlte, mit Worten gegen das anzukämpfen, was, wie jedermann annahm, Ihr Schweigen sein würde. Das Scheitern belebt. Sie wissen, dass Sie besser sind. Das Scheitern bringt Sie am Morgen auf Trab, versetzt Ihr Blut in Wallung, weitet Ihnen die Nasenflügel. Das Scheitern sagt Ihnen, dass Sie eine noch größere, noch bessere Geschichte schreiben sollten.

Am Ende kann man nur auf eine Weise wirklich scheitern – nämlich durch die eigene Unfähigkeit zu scheitern. Die wahre Kühnheit liegt darin, es versucht zu haben.

Fassen Sie sich ein Herz. Das Scheitern ist ein Hauch Schwefel für Ihr Gehirn. Zünden Sie ein Streichholz an. Atmen Sie ein.

Lesen, lesen, lesen Sie

Schreiben, ohne zu lesen, ist so, als wagte man sich ganz allein in einem kleinen Boot aufs Meer hinaus: einsam und gefährlich. Sähen Sie nicht lieber den Horizont gefüllt mit anderen Segeln? Würden Sie nicht lieber anderen Booten in der Nähe winken und nach Lust und Laune durch ihre Heckseen kreuzen, im Wissen, dass Sie selbst eine erzeugen und dass genug Wind und Wasser für alle da ist?

Téa Obreht

Sie würden sich wundern über die Anzahl der Autoren, die einfach nicht lesen, vor allem älterer, die ihrerseits davon ausgehen, sie seien die Einzigen, die gelesen zu werden verdienten. Die Welt ihrer Belesenheit schrumpft. Sie glauben, sie hätten genug geschrieben, um sich in ihr Schneckenhaus zurückziehen zu können. Sie schließen die Vorhänge. Sie lassen sich, überragt von ihren Bücherregalen, in die Sofaecke sinken. Sie lesen ein paar Seiten in ein Buch hinein und stellen fest, dass sie erschöpft sind. Sie verkaufen ihre Neugier für den Klang ihrer eigenen Worte. Sie vergessen, bei anderen die Weite der Welt zu entdecken. Doch verzeihen Sie ihnen, verzeihen Sie mir. Wir haben vergessen, was es bedeutet, eine junge Autorin, ein junger Autor zu sein.

Kurzum, bevor ich es erneut vergesse: Ein junger Autor muss lesen. Lesen, lesen, lesen. Mit Lust auf Abenteuer. Gefräßig. Unermüdlich. Das klingt so einfach. Aber das ist es nicht. Nicht einmal in dieser Simplifizierung. Er muss lesen, was ihm in die Finger kommt. Die Klassiker, die alten Bücher, die aus den Regalen heraus zu ihm sprechen, die von den Lehrern empfohlenen Wälzer, die auf der Sitzbank in der U-Bahn liegengelassenen Groschenromane, die angestaubten eselsohrigen Bücher im Bahnhofskiosk, die uralten Bände im Ferienhaus. Lesen, lesen, lesen. Das Gehirn ist ein anpassungsfähiges Behältnis. Es geht so viel hinein. Je schwieriger das Buch, desto besser. Je flexibler Ihre Lesegewohnheiten, desto vielseitiger wird Ihre eigene Arbeit sein.

Fordern Sie sich. Kommen Sie aus der Komfortzone heraus. Finden Sie etwas, das andere irritiert.

Die große Freude an den Schwierigkeiten liegt eben darin, dass sie schwierig sind.

Ein junger Autor muss auch seine Zeitgenossen lesen. Mit Emphase und voller Eifersucht. Er muss in die Buchhandlung gehen und dort Stunden in ehrfürchtiger Versenkung verbringen. Er muss sich bis zur Biographie auf der hinteren Umschlaginnenseite durchblättern. Die muss sein Blut in Wallung bringen. *Mist, dieser Autor kommt aus meinem Heimatort. Wie kann er es wagen zu erzählen, was ich erzählen will?* Ja, Zorn, aber vorübergehender Zorn. Nicht aus Missgunst, sondern aus Verlangen. (Schließlich nimmt er Ihnen nicht den Job weg: Dieser Job gehört Ihnen ganz allein, kein anderer kann ihn erledigen; wer sonst sollte Ihre literarische Tischlerarbeit zu Ende führen, es sei denn, es ginge um einen IKEA-Stuhl?)

Ein junger Autor muss in die Bibliothek gehen und durch die staubigen alten Magazine streifen. Lassen Sie Ihre Finger über die Regale gleiten. Folgen Sie Ihrem Instinkt. Sie werden staunen, wie die Bücher zu Ihnen finden. Die Sprache hat so etwas wie eine Zielsucheinrichtung. Anders als bei der Liebe ist diejenige, die Ihnen zugedacht ist, immer bereits da. Und sie kann jederzeit gefunden werden. Sie müssen dafür offen sein. Dann schöpfen Sie ihre volle Suggestionskraft aus. Und plötzlich öffnet sich die Welt.

Sie lesen, um Ihr Herz zu entflammen. Sie lesen, um sich die Hirnschale abzusprengen. Sie lesen, weil Sie der mutigste Idiot weit und breit sind und sich auf Abenteuerreise in die Freuden der Verwirrung begeben wollen. Sie wissen, wann ein Buch funktioniert. Geben Sie ihm Zeit.

Und wenn es Sie bei aller Begeisterung verwirrt, ist das ein gutes Zeichen, machen Sie weiter, machen Sie weiter. Absolute Konsistenz ist phantasielos. Verwirrung ist eine natürliche Reaktion. Die Verwirrung stiftet Veränderung. Doch es kommt auch eine Zeit, wo Sie etwas wegwerfen müssen. Das Leben ist zu kurz, um schlechten Wein zu trinken, für schlechte Bücher gilt das umso mehr. Seien Sie also darauf gefasst, das betreffende Buch über Bord zu werfen, aber erst, nachdem Sie ihm eine vernünftige Chance gegeben haben.

Ein gutes Buch stellt Ihre Welt auf den Kopf. Es krempelt auch Ihre Art zu schreiben um. Die Prosaautoren sollten die Dichter lesen. Die Dichter sollten die Romanciers lesen. Die Dramatiker sollten die Philosophen lesen. Die Journalisten sollten die Kurzgeschichtenschreiber lesen. Die Philosophen sollten einfach alles lesen. Eigentlich sollten wir alle alles lesen. Keiner kommt allein voran.

Ich habe junge Autoren sagen hören, Sie kämen aus Zeitmangel nicht zum Lesen. Das liegt dann wahrscheinlich daran, dass sie schon zu viel Zeit darauf verschwendet haben, große Reden zu schwingen. Hören Sie, junge Autorin, junger Autor, es ist lächerlich, wenn jemand sagt, er hätte nicht die Zeit, ein Buch aufzuschlagen. Es ist grotesk zu behaupten, ein Buch wäre zu lang. Es ist phantasielos, sich nicht das schwierigste Werk vorzunehmen. Márquez. Woolf. Gaddis. Hansen. Gass. Das ist die Vergangenheit, die Ihre Zukunft formt. Denn die liegt in dem, was Sie lesen. Wir finden unsere Stimmen in diesen Büchern. Auf diese Weise lernen wir die Meister kennen, und dann entwickeln wir unsere eigene Meisterschaft, indem wir sie imitieren, Echos produzieren und uns durch deren Hallraum auf den Kanon zutasten. Oder zu Kanonenfutter werden. Oder beides.

Aber wenn Sie nicht lesen – vor allem nichts, was im Ruf steht, schwierig zu sein –, werden Sie mit Ihrer eigenen Schreibkunst nie vorankommen. Also tun Sie's. Zerreißen Sie diesen blöden Brief.

Suchen Sie sich eine Ecke. Schlagen Sie ein Buch auf. Lesen Sie das Schwerste, was zu bewältigen Sie in der Lage sind.

Joan Didion sagt, wir erzählten uns Geschichten, um leben zu können. Leben Sie also so viele Leben wie möglich. Immer wieder.

Freuen Sie sich

Freuen Sie sich! Lesen Sie Joyce.

Schreiben ist Unterhaltung

> In finsteren Zeiten könnte man Kunst als gute
> Kunst definieren, wenn sie alles, was an Mensch-
> lichem und Magischem trotz der Finsternis noch
> existiert und glimmt, aufgreift und versucht, ihm
> neues Leben einzuhauchen.
>
> *David Foster Wallace*

Vergessen Sie nie, dass Kunst Unterhaltung ist. Sie
sind zwar verpflichtet, die Welt zu spiegeln, aber es
ist auch Ihre Aufgabe, sie ein bisschen zu erhellen.

Hängen Sie sich das Zitat von Nietzsche an die
Wand: Wir haben die Kunst, damit wir nicht an der
Wahrheit zugrunde gehen.

Gehen Sie an die dunklen Orte, aber nehmen Sie
eine brennende Fackel mit. Wir brauchen genügend
Licht, um die Seite zu sehen. Machen Sie sie far-
big. Bringen Sie Witz hinein. Bleiben Sie nicht auf
einem Ton stehen. Lassen Sie die Puppen tanzen.
Wir müssen für alle Möglichkeiten offenbleiben.

An allen erreichbaren Wonnen interessiert. Wenn etwas wirklich gut geschrieben ist, horchen wir auf und freuen uns darüber, dass wir – wie kurz auch immer – am Leben sind.

Machen Sie Pausen

Alles kann geschehen, die höchsten Türme können umgestürzt, die Hochstehenden eingeschüch-
tert, die Übersehenen beachtet werden.

Seamus Heaney

Machen Sie immer mal wieder eine Pause. Fahren
Sie in die Ferien. Lassen Sie alles außer dem Notizbuch zu Hause. Lernen Sie das Schreiben wieder
lieben. Vermissen Sie es ungefähr eine Woche lang.
Machen Sie sich keine Sorgen. Wissen Sie was? Die
gute alte leere Seite läuft Ihnen nicht davon.

Wer ist Ihr idealer Leser?

Wenn wir Glück haben, Verfasser und Leser gleichermaßen, lesen wir den letzten Satz oder die letzten beiden einer Kurzgeschichte und sitzen dann einfach einen Augenblick lang ruhig da.

Raymond Carver

Letztendlich sind Ihr idealer Leser Sie selbst. Schließlich müssen *Sie* am Ende die Verantwortung für den Text übernehmen. Sie müssen bereit sein, auf Ihr tiefstes, kritischstes Inneres zu hören. Wenn Sie etwas schreiben, versuchen Sie sich vorzustellen, dass Sie ein paar Jahrzehnte später das Geschriebene noch einmal lesen und sich fragen werden, ob es noch einen Wert hat. Betrachten Sie sich als jemand, der noch einige Zeit vor sich hat. Wird Ihre Geschichte auch vor Ihrem neuen Ich Bestand haben? Wird sie Ihnen peinlich sein? Wird sie Ihnen kalte Schauer den Rücken hinunterjagen? Werden Sie sich fragen: *Habe ich mich damals richtig entschieden?* Werden Sie sich fragen: *Habe ich den falschen Leuten weh getan?*

Seien Sie zugleich hart gegen sich und nett zu sich. Denken Sie daran, dass jeder Idiot ein Haus einreißen kann; aber nur ein guter Handwerker war in der Lage, es zu bauen.

Einen Agenten finden

Eins der wenigen Dinge, die ich über das Schreiben
weiß, ist das: Verausgabe dich, ballere es raus, lass
es laufen, hau es weg, alles, immer, jedes Mal ...
Gib es, gib es alles, gib es jetzt.

Annie Dillard

Hätte ich für jedes Mal, das man mich gefragt hat,
wie man einen Agenten findet, einen Dollar bekommen, bräuchte ich keinen Agenten. Brauchen
Sie einen Agenten? Ja, ja und (meistens) nochmals
ja. Einen zu finden ist gar nicht so schwer, aber den
richtigen zu finden kann Ihr Leben verändern.

Suchen Sie sich zunächst einen Schriftsteller,
dessen Werk Sie bewundern. Vorzugsweise einen
jüngeren. Jemand, der bereits von einer Agentur
vertreten wird, aber im Begriff steht, seinen ohnehin schon vorhandenen Erfolg noch zu vergrößern. Finden Sie heraus, wer sein Agent ist. Das
geht leicht – mit Hilfe der Magie von Google, der

Danksagung im Buch oder mit dem Überfliegen einiger Interviews im Netz. Dann schicken Sie dem Agenten einen Brief oder eine Mail. Schreiben Sie konzise, aber mitteilsam. Vermitteln Sie ihm, dass Sie seinen Stamm von Autoren schätzen, darunter insbesondere einen, der für die Literatur eine Art Brustlöser zu sein scheine. Klären Sie ihn ein bisschen über Ihren Hintergrund auf, darüber, wer Sie sind, wo Sie ausgebildet wurden, was Sie schon veröffentlicht haben. Fragen Sie, ob er ein paar Seiten lesen möchte. Übertreiben Sie ruhig ein bisschen. Stellen Sie Ihr Licht nicht unter den Scheffel. Das ist in Ordnung. Daran sind Agenten gewöhnt. (Erzählen Sie immer, Sie schrieben an einem Roman, auch wenn Sie es noch nicht tun.) Seien Sie klug, seien Sie selbstbewusst, und fassen Sie sich immer kurz.

Wenn der Agent zurückschreibt – aber rechnen Sie nicht damit –, dann feiern Sie bitte noch nicht. Rufen Sie ihn an, reden Sie mit ihm, besuchen Sie ihn und fühlen Sie ihm auf den Zahn. Stellen Sie Fragen. Das Wichtigste, das Sie in Sachen Agent wissen sollten, ist, dass Sie ihn engagieren, nicht er Sie. Manche geben Ihnen das Gefühl (vor allem wenn Sie noch am Anfang Ihrer Laufbahn stehen), sie führten Sie am Gängelband, aber in Wahrheit besteht die Freiheit darin, sich am Gängelband entspannt zu bewegen.

Ein guter Agent macht einem keine Vorschriften. Eher sorgt er dafür, dass die Regeln eingehalten werden. Er fällt geschäftliche Entscheidungen. Er erleichtert Steuerfragen. Er plaudert mit Lektoren, Verlegern und Journalisten. Er schickt Einladungen weiter. Er sortiert die meisten Spinner aus, die mit Ihnen in Kontakt treten wollen. Er verschafft Ihnen Auftritte. Er spricht Ihnen Mut zu. Und jawohl, er kann Ihr Leben im Handumdrehen verändern. Er kann Ihnen das große Geld besorgen. Aber im Grunde sind Sie Ihr eigener Agent, denn am Ende geht es wieder nur um die Sprache auf der Seite.

Sie sollten Herr über das bleiben, was Sie schreiben. Ändern Sie nichts einem Agenten zu Gefallen, es sei denn, Sie wissen im Grunde Ihres Herzens, dass er recht hat. Doch selbst dann stellen Sie bitte sicher, dass Sie sich nicht kompromittieren. Schließlich ist dies Ihr Werk. Agenten werden Agenten, weil sie wollen, dass Dinge sich verkaufen, nicht unbedingt, dass sie singen (obwohl ein richtig guter Agent beides will).

Hören Sie auf den Agenten, aber bleiben Sie der Agent Ihres Handelns. Das erfordert ausgeprägte

Intuition. Und ein bisschen Stil. Und eine reichliche Dosis Bescheidenheit.

Vergessen Sie nicht, dass Sie Ihrem Agenten bis zu zwanzig Prozent Ihrer Einkünfte abtreten, deshalb wird ein guter Agent Ihnen mindestens fünfundzwanzig Prozent mehr besorgen, als Sie sich hätten vorstellen können. Zahlen Sie diese Gebühr bereitwillig. Zweifeln Sie nicht seine Abrechnungen an. Kritteln Sie nicht an ihm herum. Jammern Sie nicht, lästern Sie nicht hinter seinem Rücken. Ihr Agent sollte Ihnen beistehen. Tut er das nicht, dann erinnern Sie sich daran, dass Sie sein Chef sind, und feuern ihn. Wie bitte? Feuern Sie ihn, habe ich gesagt, feuern Sie ihn. (Aber erst, wenn Sie einen anderen gefunden haben.)

Denken Sie daran: Dies ist *Ihr* Werk. Sie arbeiten tagtäglich im Kohlenflöz. Sie wissen, was es heißt, immer wieder diesen Eimer mit Worten aus dem Brunnen zu holen. Vertrauen Sie diesem Instinkt. Sie wissen, was wirklich zählt. Klingeln Sie mit Worten, nicht mit dem Geld in Ihrer Hosentasche. Und jetzt legen Sie los und schreiben.

Was, wenn ich keinen Agenten finde?

> Der Weg in die Verzweiflung besteht in der Weigerung, jegliche Art von Erfahrung zu machen.
>
> *Flannery O'Connor*

Aber was, wenn ich keinen Agenten finde? Verzweifeln Sie nicht. Schreiben Sie weiter. Bleiben Sie mit dem Hintern auf dem Stuhl sitzen. Bringen Sie Wörter auf die Seite. Tun Sie, was Sie lieben. Kämpfen Sie. Seien Sie beharrlich. Nehmen Sie die Zeitschriften und Magazine, die Ihnen gefallen. Blättern Sie zur Impressumseite. Finden Sie den Namen des zuständigen Redakteurs und seine E-Mail-Adresse. Schreiben Sie einen Brief, einen persönlichen, von Herzen kommenden Brief, einen mit Persönlichkeit und Stil. Fragen Sie, ob er Ihre Arbeiten lesen möchte. Haben Sie keine Angst. Seien Sie höflich. Seien Sie freundlich. Und feiern Sie sich zugleich. Alles, was Sie dabei verlieren können, sind ein paar Worte oder die paar Minuten, die so ein Schreiben braucht. Schicken Sie es ab, und dann vergessen Sie es. Wenden Sie sich anderen Dingen zu. Sitzen Sie nicht herum, kaprizieren Sie sich nicht darauf, schleichen Sie nicht ums Telefon herum, hängen Sie nicht über der Maus. Fangen Sie gar nicht erst an zu hoffen. Das Wichtigste haben Sie schon erledigt, indem Sie überhaupt geschrieben haben.

Wissen Sie was? Absagen sind nichts Verkehrtes. Jeder bekommt welche. (Ich habe schon ganze Badezimmerwände mit Ablehnungsbriefen tapeziert.) Versuchen Sie es ein paar Monate später erneut. Seien Sie nicht verletzt. Machen Sie kein Theater. Beweisen Sie Sinn für Humor. Erinnern Sie daran, dass man Ihnen mal eine sagenhaft formulierte Absage geschickt habe. Und zum Teufel mit der Vermeidung simultaner Einsendungen! Pfeffersprayen Sie Ihre Lieblingsmagazine damit! Schicken Sie Briefe los, so viele Sie können! Wer auch immer Sie zuerst akzeptiert, gewinnt den großen Preis. Spielen Sie nur nicht Leute gegeneinander aus. Handeln und feilschen Sie nicht.

Gehen Sie jeden Tag zum Briefkasten und finden Sie sich damit ab, dass die schlechten Nachrichten am Ende dazu führen werden, dass die gute sich umso besser anfühlt. Irgendwann wird ein Agent bei Ihnen anklopfen. Oder ein Verleger. (Die lesen übrigens auch noch die winzigsten Zeitschriften.)

Wagen Sie etwas. Seien Sie originell. Aus Vorhersagbarem entsteht nie Gutes.

Den richtigen Lektor finden

Ohne Leser kann ich nicht schreiben. Es ist genau
wie beim Küssen – allein geht es nicht.

John Cheever

Ein großartiger Lektor ist äußerst wertvoll. Vielleicht ist es Ihr bester Kumpel. Vielleicht ein Studienfreund. Vielleicht ein Workshop-Teilnehmer. Vielleicht Ihr Ehemann. Vielleicht ist es jemand, den Sie engagiert haben. Vielleicht auch der Redakteur einer Zeitschrift oder ein Verlagslektor. Jedenfalls muss es jemand sein, dem Sie vertrauen. Sie müssen ihm Freiraum geben. Sie müssen ihm Zeit geben. Sie müssen zuhören. Sie müssen seine Meinung achten. So einfach es klingt: Sie müssen ihn respektieren. Sie brauchen sich nicht immer einig zu sein. Es geht um Ihre eigene Fähigkeit, jemanden vor Ihren Augen Ihre Arbeit umgestalten zu lassen. Aber es geht auch darum, dass er damit falschliegen kann. Schätzen Sie selbst ein, ob das, was er sagt, etwas wert ist. Probieren Sie den Satz so, wie er ihn vorschlägt. Dann wieder wie zuvor. Sprechen Sie ihn aus. Und noch einmal. Danken Sie für den Vorschlag, auch wenn Sie ihn nicht angenommen haben.

Sollten Sie in der ausreichend glücklichen Lage sein, dass Ihr Buch oder Ihre Geschichte verkauft wurde, denken Sie daran, dass der Lektor, der es oder sie gekauft hat, kein Durchgangsposten ist. Er kann das Beste aus Ihren Texten herausholen. Seien Sie dankbar, wenn das Lektorat eintrifft. Und denken Sie daran, dass er so viel mehr tut als redigieren. Er verhandelt Ihren Vertrag. Er besorgt Ihnen Zitierbares von Kollegen. Er bespricht sich mit Marketing und Vertrieb. Er sieht Sie das Lob einheimsen und bekommt seinerseits selten welches. Und wenn Sie nicht gelobt werden, leidet er.

Ein Lektor ist ein Mensch, der das Rampenlicht kennt und entschieden hat, im Dunkeln zu bleiben. Erkennen Sie das an. Und überraschen Sie ihn ab und zu mit einem kleinen Geschenk.

Die eigenen Geschichten
mit neuen Augen betrachten

Alles, was ich in Büchern ausdrücken, was ich überhaupt mitteilen will, ist, dass ich die Welt liebe.

E. B. White

Das Schreiben kann erschöpfend sein. Bisweilen können wir die Wörter einfach nicht mehr sehen. Wir sind so nahe dran, dass wir vergessen, wie es wäre, sie zum ersten Mal zu lesen. Oft brauchen wir eine Atempause.

Wenn Sie eine Geschichte oder ein Gedicht beendet haben, versuchen Sie Ihren Text ein oder zwei Wochen lang beiseitezulegen, damit Sie ihn mit neuen Augen betrachten können. Schreiben Sie eine Weile an etwas anderem. Glauben Sie an den Nutzen dieser Distanz. Genießen Sie das Alleinsein.

Wenn Sie ausgeruht und bereit sind, sich wieder mit Ihrem Text vertraut zu machen, tun Sie es mit

Freude und Bangigkeit zugleich. Geben Sie ihm einen Titel. Ein Motto. Drucken Sie ihn aus. Heften Sie ihn. Klemmen Sie ihn sich unter den Arm. Gehen Sie damit nach draußen. Stellen Sie sicher, dass er auch außerhalb Ihres Kopfes existiert. Laufen Sie durch die Straßen. Finden Sie eine Parkbank, einen Coffeeshop oder eine Bibliothek, wo Sie sich damit hinsetzen können. Tun Sie so, als wären Sie ein brandneuer Leser, der diese Seiten noch nie gesehen hat. Lassen Sie sich überraschen, sogar von Ihrem Namen auf der Titelseite. Lesen Sie den Text von Anfang bis Ende und halten Sie nur gelegentlich inne, um eine Notiz an den Rand zu kritzeln. Seien Sie ehrlich mit sich. Packt dieser Text Sie immer noch? Hat er die richtige Form? Können Sie ihn nach Hause mitnehmen und daran weiterschreiben? Haben Sie ihm Leben eingehaucht? Ist Ihnen das Herz aufgegangen?

Oder ist es an der Zeit, ihn wegzuwerfen?

Alles wegwerfen

> Man entdeckt keine neuen Erdteile, ohne den Mut
> zu haben, alte Küsten aus den Augen zu verlieren.
> *André Gide*

Manchmal, junge Autorin, junger Autor, müssen Sie sich einfach trauen, reinen Tisch zu machen.

Gelegentlich wissen Sie, *wissen* Sie tief aus dem Bauch heraus, dass es nicht gut genug ist. Oder Sie waren hinter der falschen Geschichte her. Oder Sie haben sich lange genug damit herumgeschlagen. Oder Sie haben auf einen weiteren Moment der Inspiration gewartet. Sie sind standhaft drangeblieben, aber die Wahrheit ist, dass Ihnen die Puste ausgeht.

Oft hört man die richtige Stimme erst, wenn die Geschichte weit fortgeschritten ist. Nach einem Jahr Arbeit, nach Hunderten von Seiten. (Einer der befreiendsten Tage meines Schriftstellerlebens war der, an dem ich die Arbeit von anderthalb Jahren weggeworfen habe.) Aber ein Teil Ihrer selbst weiß, weiß einfach, dass alles, was Sie bislang geschrieben haben, nur eine Vorbereitung auf das war, was Sie jetzt schreiben werden. Endlich haben Sie Ihr Koordinatensystem gefunden. Fortan wird es bergauf gehen, nicht mehr bergab. Oder gar zurück.

Also müssen Sie das Bisherige wegwerfen.* Natürlich ist das furchtbar: Sie speichern die Datei, räumen die Seiten weg. Sie organisieren eine kleine Totenfeier für die Wörter, befeuchten sie mit Whiskey. Aber wie jede Totenfeier ist es eben auch ein Fest, im tiefen Wissen darum, dass erst diese ganze Arbeit Sie an diesen Punkt geführt hat. Sie haben sich eine Art externen geistigen Speicher geschaffen. Sie haben sich an Ihre Obsession her-

---

* Gut, seien wir ehrlich: Sie werfen es nicht wirklich weg. Sie packen es in eine Schachtel oder speichern es irgendwo, etikettieren es und heben es wiederfindbar auf, nur für den Fall, dass es ein Fehler war. Und eines Tages greifen Sie vielleicht darauf zurück und finden hier ein Juwel von einem Satz oder dort den Keim einer Idee. Aber im Geiste müssen Sie es zunächst beiseiteräumen, zumindest für eine Weile, während die neue Geschichte Wurzeln schlägt.

angeschrieben, und jetzt sind Sie an jenem Punkt angelangt, an dem sie richtig aufblühen wird. Seien Sie dankbar. Ihre verworfenen Seiten haben Sie dorthin geführt. Die Arbeit hat ihren Zweck erfüllt.

Jetzt sind Sie die Seiten los und stehen mit dem Rücken zur Wand. Ein bisschen Mitgefühl von Freunden mag hilfreich sein, aber nur für ein, zwei Tage, während Sie den geheimen Zorn nähren, den jeder Schriftsteller kennt: Sie müssen einfach weiterschreiben.

Also öffnen Sie eine neue Datei oder spitzen den Bleistift und setzen sich wieder hin.

Rechnen Sie mit der
Intelligenz des Lesers

Von einem gut geschriebenen Text erwarten wir,
dass er beim Leser eine Empfindung wachruft,
nicht die Tatsache, dass es regnet, sondern das
Gefühl, klatschnass zu werden.

E. L. Doctorow

Eine der großartigsten Regeln in Creative-Writing-Seminaren lautet «Zeigen, nicht erzählen».
Das bedeutet, Sie müssen den Leser auf unvertrautes Terrain führen, ohne ihm das Erlebnis, die lebendigen Momente der Geschichte zu rauben. Wir
lesen, um uns Neues zu erschließen. Nehmen Sie
den Leser also an die Hand. Führen Sie ihn durch
die Geschichte. Und dann überraschen Sie ihn –
wieder einmal.

Bemühen Sie sich überhaupt darum, in Ihrer
Geschichte, Ihrem Gedicht oder in was auch immer
nicht allzu viel auszubuchstabieren. Schreiben Sie

dem Leser niemals etwas vor. (Hallo, da tut er es schon selbst!) Vermeiden Sie es, Ihre Geschichten zu erklären. Vertrauen Sie dem Leser. Erlauben Sie ihm, seine eigenen Entdeckungen zu machen. Sie sind ihm ein Führer durch ein fremdes Land. Seien Sie nett zu ihm, aber nicht zu nett.

Wenn Sie mit der Intelligenz des Lesers rechnen, wird er immer zu Ihnen zurückkehren. Fordern Sie ihn. Bieten Sie ihm die Stirn. Seien Sie frech. Lassen Sie ihn Neuland betreten. Verwirren Sie ihn gar. Dann überlassen Sie ihn sich selbst. Sagen Sie gerade so viel, dass er das neue Terrain allein erkunden kann. So sind Sie ihm immer ein, zwei Schritte voraus, aber selbst der beste Leser wird es nicht merken. Am Ende werden gute Geschichten von ihren Lesern geschrieben.

Erfolg

Lieber schreie ich alles über die Liebe der Menschen und ihre Enttäuschungen heraus und riskiere, schmalzig zu klingen, als dass ich als Besserwisser ende.

Jim Harrison

Wenn Sie einen ersten Erfolg erzielen, seien Sie ernsthaft verwundert. Überzeugen Sie sich dann davon, dass Sie ihn nie werden wiederholen können. Der Zauber des Erfolgs liegt in der gleichzeitigen Nähe und Unmöglichkeit des Unerreichbaren. Sollten Sie weiter Erfolg haben, seien Sie sehr, sehr skeptisch. Die einzige Sicherheit ist, dass das nicht immer so bleiben wird.

Auch der Erfolg folgt einem erzählerischen Bogen: Er wird irgendwann aufhören. Für manche ist das erschreckend, aber für den, der sich mit dem Erfolg auskennt, ist es die einzige Ekstase.

Wenn Sie fertig sind, haben Sie gerade erst angefangen

Bereuen Sie Dinge. Sie sind Öl, das auf der Seite zu Sehnsucht entflammt.

Geoff Dyer

Dass Sie gerade den letzten Satz eingetippt haben – denken Sie daran, Blutflecke sind viel deutlicher sichtbar als Tränen –, bedeutet nicht, dass Sie tatsächlich ein Buch abgeschlossen haben. Es zu schreiben mag ein paar Jahre dauern, aber wenn es geschrieben ist, muss es erst noch abgeschlossen werden. Geduld und Beharrlichkeit bitte. Geduld, habe ich gesagt. Geduld. Das Schreiben macht ungefähr drei Viertel der Aufgabe aus. Dann kommt das Redigieren. Und nochmals das Redigieren. Ach, und dann kommt das Redigieren. Und danach: wieder das Redigieren. Danach das Korrekturlesen. Dann das Treffen mit den Presseleuten. Und das Treffen mit den Marketingleuten. Und dann: nochmals ein bisschen Redigieren. Dann das Bitten um Werbezitate von Kollegen. Dann die Fahne. Dann ein letztes Mal: redigieren. Hier ein kleiner Eingriff, dort ein kleiner Eingriff. Dann das Warten. Die Pause. Das Innehalten. Das Atemholen. Der Wunsch, Sie hätten mehr redigiert.

Dann folgen die Anzeigen, die Sie allermindestens in der führenden Zeitung Ihres Landes zu schalten hoffen. Darauf das Heulen und Zähneknirschen, wenn die Anzeige in einem Online-Magazin erscheint, das nur sechs Leute lesen. Aber hallo, das sind sechs Leser mehr als zuvor. Dann warten Sie wieder.

Sie finden nachts keinen Schlaf. Dann folgt der Besuch im siebten Kreis der Hölle: ein paar Vorab-Rezensionen. Verzweifeln Sie nicht zu sehr. Freuen Sie sich aber auch nicht zu sehr. Sie sind erst halbwegs mit allem durch. Dann, kurz vor dem Publikationstermin, kommen mit der Post die ersten Exemplare Ihres Buches. Nehmen Sie eins aus dem Karton. Betrachten Sie es liebevoll. Spendieren Sie ihm einen Drink. Sich selbst auch. Tanzen Sie durch die Wohnung. Schmeißen Sie die Regale um. Heben Sie das Buch gut auf, denn es ist das erste Exemplar, das Sie jemals in Händen gehalten haben. Schenken Sie die anderen den Menschen, die Sie lieben: Ihrer Partnerin oder Ihrem Partner, Ihrer Mutter, Ihren Freunden, die Sie die ganze Zeit unterstützt haben. Kaufen Sie noch mindestens zwanzig Exemplare der ersten Auflage. Ja, dafür müssen Sie bezahlen, ob Sie es glauben oder nicht. Freiexemplare gibt es nicht endlos. Aber Sie sollten sie schon zum halben Preis bekommen. Oder Ihr Lektor besorgt Ihnen ein paar hintenherum.

Verschenken Sie nicht alle Ihre Erstauflagen. Ich wiederhole: Geben Sie nicht alle weg. Legen Sie ein paar für sich selbst, für Ihre Kinder und Enkel und andere Menschen, die Sie lieben, beiseite. Es wird hoffentlich noch viele weitere Auflagen davon geben. Und glauben Sie mir, Sie wollen nicht irgendwann für eine Erstausgabe Ihres allerersten Buches Geld bezahlen. Hoffentlich ist es gut genug, dass Leser es immer wieder nachfragen werden. Nun steht es also bei Ihnen im Regal. Und jetzt bereiten Sie sich auf den Trubel vor. Hoffentlich findet er auch statt, zumindest ein bisschen.

Sie haben Ihre erste Lesung. Sie machen eine kleine Lesereise. Sie lernen ein paar Gleichgesinnte kennen. Oftmals wird Sie Schweigen umgeben. Das ist am schwersten zu ertragen. Sie haben jahrelang an dieser Sache gearbeitet, und jetzt interessiert sie keinen Hund. Aber na und? Gute Schriftsteller sind ausdauernd. Gute Schriftsteller sind stur. Gute Schriftsteller sind voller Verlangen. Sie rappeln sich auf und fangen wieder von vorne an.

Oder, noch besser, Sie haben Ihr zweites Buch längst begonnen, bevor das erste erschien. Sie haben das Feuer am Brennen gehalten, und die Enttäuschung des zu einem Häuflein Asche verbrannten Erstlings spielt gar keine Rolle. Und sobald Sie feststellen, dass das zweite Buch schwieriger ist als das erste, ist aus Ihnen der Schriftsteller geworden, der Sie immer werden wollten.

Werbezitate
(oder die Kunst der literarischen Pornographie)

Danke für Ihr Manuskript. Ich werde mit der Lektüre keine Zeit verlieren.

Benjamin Disraeli

Werbezitate sind der Albtraum jedes veröffentlichten Autors. Entweder schreibt er anderen Autoren welche oder nicht. Tut er es nicht, ist er ein Arschloch. Tut er es, ist er auch eins – es sei denn, er lobpreist Ihr Buch, dann avanciert er zum Engel, zu einem Geschenk des Himmels, zum göttlichen Wesen.

Aber wie kommt man überhaupt zu so einem Werbezitat? Sie bitten, Sie betteln, Sie drängen. Sie fordern Ihren Lektor auf, sich ein Herz zu fassen. Lassen Sie ihn den Stall seiner Autorinnen und Autoren befragen. Er könnte jemand finden, dem Ihre literarische Stimme gefällt, der auf gleicher

Wellenlänge liegt. Vielleicht kennt er sogar die Telefonnummer der Werbezitathure: Es gibt ein paar mehr oder weniger abgehalfterte unter uns (ich gehöre auch dazu, Mr. Shteyngart! Ahoi! Aufs Wohl der Ausrufezeichen! Auf die rote Laterne der Werbeprostitution!). Fragen Sie Ihren Agenten, der kennt die Telefonnummern ebenfalls. Aber wissen Sie was? Viel wird da nicht passieren. Verzeihen Sie mir den blanken Zynismus. Doch über weite Strecken werden Sie die Beinarbeit selbst erledigen müssen. Wenden Sie sich an die Autoren, die Sie kennen und bewundern. Schreiben Sie ihnen persönlich. Seien Sie selbstredend herzlich und aufrichtig, aber auch einfallsreich. Schreiben Sie einen Brief, der knistert. In dem durch jede Zeile Strom fließt. Den sie nicht ignorieren können. (Obwohl sie ihn höchstwahrscheinlich ignorieren werden – genau genommen, rechnen Sie nie, nie, niemals mit einer Antwort: Einige übermäßig großzügige Autoren erhalten zwanzig Anfragen die Woche, ohne Witz, fragen Sie Gary Shteyngart, der bekommt einundzwanzig, bisweilen zweiundzwanzig, und sein Briefträger hasst ihn.) Vergessen Sie nie, dass es mindestens zwei oder drei Tage dauert, bis man einen Roman gründlich gelesen hat. Das ist viel Zeit und Energie für jemanden, der versucht, sich ein Auskommen zu verdienen.

Wenn man Ihnen antwortet, machen Sie einen Rückwärtssalto. Wenn man Ihren Text liest, einen Dreifachsalto vorwärts. Wenn man ihn tatsächlich lobender Worte für wert befindet, buchen Sie mindestens ein Ticket zum nächststehenden Satelliten. Wenn keine lobenden Worte kommen, dann sorgen Sie sich nicht. Und seien Sie nicht sauer. In der Hälfte der Fälle machen die Adressaten die Post gar nicht auf, wieder mal *mea culpa*. In der anderen Hälfte sind sie selbst gerade hinter lobenden Worten her; die Welt ist eben voller Klinkenputzer.*

---

* Colum McCanns Kapitel über Werbezitate ist zum Erbarmen glanzvoll. Darüber hinaus gehen nur noch seine bedrohliche Klarsicht und ein brillant gesetztes Semikolon. Dies ist nicht nur eine unverzichtbare Anleitung zur richtigen Verwendung des Werbezitats, sondern führt auch hin zu der Frage, warum wir es verwenden. Den Werbeschreiber McCann gilt es, im Auge zu behalten. Seit Joyce hat kein Ire mehr mit solchem Elan und mit solch exemplarischer Ulyssesnis über Werbezitate geschrieben. Werbezitate-Preiskomitees, legt eure anderen Einsendungen beiseite. Ihr habt euren Gewinner gefunden.
Gary Shteyngart, Autor von Super Sad True Werbezitat

Viele gute Schriftsteller bitten eben darum nicht mehr um Werbezitate, weil sie selbst keine Zeit haben, welche zu schreiben. Wenn Sie also bei einem Autor damit scheitern, den Sie bewundern, stürzen Sie sich nicht in den Fluss, um sich zu ersäufen. Es gibt Wege, über Wasser zu bleiben. Wenn Sie einen Schreibstudiengang absolviert haben, gehen Sie zu Ihren alten Lehrern und scharwenzeln so lange, bis die klein beigeben. Haben Sie keinen absolviert, suchen Sie sich einen in der Nähe und fragen die Autoren dort. Oder Sie gehen zu jemandem in Ihrer Schreibgruppe, der bereits einen Roman veröffentlicht hat. Kleiner Tipp: Machen Sie es den Betreffenden so leicht wie möglich und offerieren Sie ihnen, wenn nötig, sogar Ihr Lieblings-Werbezitat in ihren «eigenen» Worten, das sie dann nur noch zu redigieren oder umzuformulieren brauchen. Es ist eine furchtbare Wahrheit, aber einige Autoren lesen, wenn überhaupt, nur Teile des Buches, das sie belobigen sollen.

Diese Werbezitate sind die reine Federnspreizerei. Eine Form literarischer Pornographie. Die meisten Leser wissen, dass sie damit an der Nase herumgeführt werden.

In Wahrheit sind Werbezitate ohnehin nicht

für Leser bestimmt. Sie dienen den Verlegern zu hausinternen Zwecken. Sie richten sich an die Verlagsvertreter. Und an die Buchhändler, die dem Verlag Bücher abnehmen. Sie ergänzen das Verkaufsgespräch, damit Ihr Buch in den Regalen Ihres Lieblingsbuchhändlers richtig steht. Sie sollen dem Vorab-Rezensenten auf nicht gerade subtile Weise etwas einflüstern.

Das alles hat also etwas von einem Hütchenspiel. Aber wenn eine echte, wirklich großzügige Belobigung eintrifft, eine, die das Wesen des Buches erfasst, ist sie plötzlich kein Werbezitat mehr, sondern ein Freudenschrei, ein Geigenton, ein Trommelwirbel, ein barbarisches Gebrüll über die Dächer der literarischen Welt hinweg, das kundtut, Sie hätten etwas geschrieben, das einem anderen unter die Haut gegangen ist. Freuen Sie sich darüber und genießen Sie es.

Bald werden Sie selbst so etwas schreiben.

Heimliches Erlauschen

Kein Zwang zur Eile. Kein Zwang zu Geistesblitzen. Kein Zwang, irgend jemand anders zu sein als man selbst.

Virginia Woolf

Oft werden Sie mitten in einem Roman oder einer Geschichte überrascht feststellen, dass Sie wenig oder gar keine Ahnung davon haben, wohin die Reise geht. Sie werden von den Dämpfen der Sprache und von dem vagen Gefühl angetrieben, dass das, was Sie da machen, schon irgendwann Substanz entwickeln und in die Tiefe gehen wird. Es ist Tiefseetauchen ohne viel Training oder Ausrüstung, doch unversehens, nach ein paar Metern, treffen Sie auf ein Wort oder Bild und erkennen blitzartig, dass es Sie weiterbringen wird. Warum, wissen Sie nicht. Auch nicht, wohin. Noch nicht einmal, wie. Es ist eine Form des erstaunten Hörens, des heimlichen Erlauschens. Sie haben einen kühnen Angriff auf das Unsagbare unternommen. Diese Eingebung hat ihre eigene Energie. Sie müssen ihr einfach folgen. Sie wären dumm, wenn Sie dem Wort nicht nachgehen würden, wohin auch immer es Sie führt.

Es ist, als löste man eine tauchphysikalische Rätselfrage: Wie konnte ich nur in solche Tiefen gelangen? Es gibt einen Moment, in dem sich die Lösung so einfach und klar abzeichnet, dass Sie sich fragen, warum Sie nicht längst darauf gekommen sind: der Moment, in dem Sie, wie Archimedes, merken, dass das Badewasser steigt. Dann wissen Sie, was Sie gefunden und nach was Sie jahrelang gesucht haben.

Die Einfachheit der Lösung ist schlicht deshalb so überraschend, weil sie anfangs so schwierig schien. Nun liegt sie vor. Sie hat sich gezeigt. Irgendwie ist das Unsagbare geplündert worden. Es existiert, weil es beim Schreiben darum geht, zu einer fundamentalen Wahrheit zu gelangen, von der jeder weiß, dass sie existiert, die aber noch niemand zu fassen gekriegt hat.

Folgen Sie ihr.

Wo soll ich schreiben?

Bau dir deine eigene Hütte und piss von der Veranda, wann immer du verdammt noch mal willst.

Edward Abbey

Autoren schreiben fast an jedem Ort. Auf Schiffen. In Zügen. In Bibliotheken. In der U-Bahn. In Cafés. In Künstlerhäusern. Auf dem Kühlschrank. In vornehmen Büros. In Gefängniszellen. In ausgehöhlten Bäumen. Über die Welt ausblendende, mit Scheuklappen in ihren Mansarden sitzende Schriftsteller wird viel Mist erzählt (ich selbst arbeite bisweilen in einem Wandschrank, zum Henker), aber es spielt eigentlich keine große Rolle, wo Sie schreiben, solange Sie sich dort wohl fühlen.

Und doch wird das Buch etwas von dem Raum wiedergeben, in dem es entstanden ist, also machen Sie ihn gemütlich, machen Sie ihn zu etwas Persönlichem, stellen Sie sicher, dass Sie sich gern darin aufhalten, dass er Ihnen gehört. Was hilft dabei? Natürlich ein guter Stuhl: Sparen Sie daran nicht. Eine gute Haltung. Ein paar Quadratmeter, auf denen man sich auch mal ausstrecken kann. Einige Fotos (vielleicht eines von Ihrer Figur, wie Sie sie sich vorstellen, oder von der Landschaft, in der sie lebt). Oder ein an die Wand gepinntes Lieblingszitat – «Egal!» Ein Bleistift? Ja. Ein Füller? Ja. Eine Schreibmaschine? Ja. Ein Computer? Ja. Ein Diktaphon? Nochmals ja, wenn das Ihr Stil ist. Vielleicht alles zusammen: Es zählt ja nicht, wie Sie schreiben, sondern *was* Sie schreiben. Aber sollten Sie am Computer arbeiten, bemühen Sie sich um eine sichere Möglichkeit, das Internet zu guillotinieren. Am besten haben Sie erst gar kein Internet. Versuchen Sie, nicht zu rauchen. Versuchen Sie, den ersten Drink zumindest bis zum Ende des Arbeitstags hinauszuzögern. Haben Sie Ihre Lieblingslyrik griffbereit. Schreiben Sie Ratschläge an sich selbst in ein Notizbuch oder an die Wand. Versuchen Sie, an Ihrem Arbeitsplatz nicht zu essen. Die Krümel ziehen Mitbewohner an.

Meiden Sie das Schreiben im Bett und vielleicht sogar das Schlafzimmer an sich: Warum alle Träume in ein und demselben Raum ausleben? Lassen

Sie sich die Großzügigkeit anderer gefallen. Bietet jemand Ihnen eine Hütte an, greifen Sie zu. Setzen Sie sich ans Meer oder an den See. Ein Fenster brauchen Sie da nicht unbedingt, obwohl eins zu haben manchmal hilft. Gehen Sie vor die Tür. Machen Sie einen Spaziergang. Verlaufen Sie sich ruhig mal dabei. Folgen Sie einem Pfad in die Ferne.

Wenn Sie glauben, es würde helfen, gehen Sie in eine Schriftstellerkolonie (was für ein seltsames Wort, *Kolonie*, es legt das Klirren von Eis im Glas, die Präsenz von Vögeln oder gar einen Ameisenüberfall nahe). Setzen Sie sich dort ein Ziel. Begegnen Sie den Kolleginnen und Kollegen mit Wohlwollen, aber ziehen Sie sich in den Schreibphasen zurück. Ihr Buch ist dort das einzige Buch. Schließen Sie die Tür. Stellen Sie das Handy ab. Es ist an der Zeit, egoistisch zu sein. Lassen Sie andere die Rechnungen bezahlen. Lassen Sie andere sich um den Hund kümmern. Werfen Sie die Kleider von sich. Tanzen Sie in der Gegend herum. Spielen Sie Musik. Falls Sie ein Lieblingsalbum haben, das Sie beim Schreiben gern hören – etwa *And Now the Weather* von Colm Mac Con Iomaire –, stellen Sie es auf automatische Wiederholung, damit die Musik zu einem Teil des Hintergrunds und somit

Ihrer Sprachlandschaft wird. Halten Sie das Zimmer kühl, so bleiben Sie länger wach.

Und wenn Sie ein Buch oder eine Geschichte abgeschlossen haben, schieben Sie Ihren Schreibtisch ein bisschen herum, stellen neue Fotos auf, hängen neue Bilder an die Wand, bringen die Welt in Bewegung, befreien sich vom Staub.

Da ist er: ein Raum mit einem neuen Ausblick.

Schreibstudium oder nicht?

In einer gesicherten Welt zu leben ist gefährlich.
Teju Cole

Was ist nun mit diesen Schreibstudiengängen? In Wahrheit kann Ihnen niemand das Schreiben beibringen. So ein Studiengang mag es Ihnen *erlauben* zu schreiben, aber er wird Sie nichts lehren. Doch Ihnen einfach die Möglichkeit zum Schreiben zu geben ist ohnehin die beste Lehre.

Absolvieren Sie also ein Schreibstudium, wenn es sich richtig anfühlt, aber erwarten Sie nicht, dass Ihnen dort irgendein Autor beim Schreiben hilft. Gehen Sie hin, um Mist zu bauen. Gehen Sie hin, weil es ein sicherer Ort zum Scheitern ist. Gehen Sie wegen der Gemeinschaft von Lesern hin. Gehen Sie hin, weil Sie dort Gelegenheit bekommen werden, stressfrei unter Gleichgesinnten zu arbeiten, die sich mit derselben Kunst befassen. Ein einziges Wort in einem Workshop kann Ihnen ein halbes Schreibjahr ersparen. Seien Sie geduldig. Es ist eine Lehrzeit. Wahrscheinlich werden Sie zunächst frustriert sein. Schreibseminare können tatsächlich zu den erniedrigendsten Ereignissen im Leben eines Autors oder auch Lehrers gehören. Womöglich sind Sie am Ende des Schreibprogramms (oder Pogroms) verwirrter denn je. Das ist in Ordnung und wird sich legen. Räumen Sie dafür Zeit ein. Oft werden Lektionen erst Jahre später richtig verstanden.

Wenn Sie meinen Rat haben wollen – gehen Sie nicht direkt von der Schule dorthin. Geben Sie sich ein, zwei Jahre Zeit zu leben. Und leben Sie in vollen Zügen. Leben Sie gefährlich. So haben Sie später etwas, über das Sie schreiben können. So werden Sie mit der weißen Seite fertig, die Sie dann anstarren wird.

Schauen Sie sich den Studiengang genau an. Finden Sie denjenigen, der zu Ihnen passt. An einem Ort, der Ihnen gefällt. Mit entsprechenden Studenten. Achten Sie darauf, wer Sie unterrichten wird. Und seien Sie skeptisch hinsichtlich der Versprechungen des Lehrkörpers. Fühlen Sie sich Ihrer Arbeit verpflichtet, aber vergessen Sie nicht, dass Sie dort mit zahlreichen anderen jungen Autoren zusammenarbeiten: Sie werden also egoistisch und selbstlos zugleich sein müssen.

Letztlich sind Sie für Ihren Lernerfolg selbst verantwortlich. Man geht bei sich selbst in die Lehre. (Ich bin mit einer Ausnahme von allen Schreibstudiengängen abgelehnt worden, bei denen ich mich beworben hatte, und am Ende habe ich es einfach allein geschafft. Ich will mich damit jedoch nicht brüsten, denn wenn ich einen Schreibstudiengang besucht hätte, hätte ich vieles schneller gelernt.) Sie müssen nicht unbedingt an einer Universität studieren, um schreiben zu lernen. Wie sagte ich bereits? Der Autor schreibt. Er setzt sich auf seinen Hintern und … schreibt.

Also, ehren Sie die Hütte im Wald, falls das der Ort sein sollte, an den es Sie verschlägt. Ehren Sie die langen Tage der Stille und des Schlurfens durch die verkommene Wohnung. Ehren Sie das Stipendium. Ehren Sie die Armut. Ehren Sie das Ererbte. Ehren Sie, welchen Weg auch immer Sie einschlagen. Am Ende zählt nichts als das Wort auf der Seite: Wen kümmert's, ob es von einem Schreibstudiengang kam oder nicht.

Finden Sie jemand, der um diese Dinge weiß, egal ob es ein Kollege, Freund oder sogar ein Feind ist. Finden Sie eine Lehrerin, einen Lehrer. Lassen Sie ihr oder ihm Freiraum. Der beste Lehrer ist der, der weiß, dass man Ihnen nichts beibringen kann.

Was bleibt also zu tun? Lassen Sie sich von anderen leiten, die vor Ihnen gescheitert sind – und lustvoll gescheitert sind. Respektieren Sie dieses Scheitern. Diese Autoren haben es oft genug selbst nicht hinbekommen. Aber für Sie könnten sie genau die richtige Adresse sein.

Soll ich während des Schreibens lesen?

Lesen Sie die großartigen Sachen, aber auch die, die nicht so großartig sind. Großartige Sachen können einen sehr entmutigen. Wenn Sie nur Beckett und Tschechow lesen, gehen Sie irgendwann los und liefern bloß noch Telegramme bei der Western Union aus.

Edward Albee

Schwer zu sagen, was Sie in Schreibphasen lesen sollten, aber vielleicht so viel dazu: Am Anfang eines Romans sollten Sie so breitgefächert und gefräßig lesen, wie Sie können. Sie bereiten sich auf eine Reise vor. In dieser Phase ist das Lesen eine Starthilfe.

Mitten in einem Projekt sollte Ihre Lektüre zielgerichteter sein, stärker fokussiert, eher in der Art gründlicher Recherche. Jetzt sind Sie entflammt, kommen voran. Prosaautoren sollten es mit Lyrik versuchen, und die Dichter sollten sich in Prosa versenken.

Gegen Ende eines Romans sollten Sie darüber nachdenken, die Bücher in Ihrem Regal mit dem Rücken nach hinten zu stellen, den Schlüssel zur Bibliothek wegzuwerfen, aus dem Käfig zu fliehen. In diesem Stadium sind Sie reiner Flug und beschwingte Bewegung. Ihre Geschichte verfolgt nur einen einzigen Zweck – nämlich herauszufinden, wo sie landen wird.

An diesem Punkt braucht Ihnen kein anderer Schriftsteller mehr ins Ohr zu flüstern. Sie werden sich diese Landestelle in der Stille Ihres eigenen Kopfes erschließen, nicht indem Sie andere lesen. Was nicht bedeuten soll, dass Sie nicht anderswo Inspiration finden könnten, aber stellen Sie sicher, dass dieses Anderswo in ausreichender Entfernung liegt. Lassen Sie in diesem kritischen Augenblick die Disziplin beim Lesen schleifen.

Doch was geschieht, wenn Sie, nachdem alles gesagt und getan ist, feststellen, dass tatsächlich jemand an der gleichen Geschichte schreibt wie Sie oder dass sie gar längst unter Dach und Fach ist? Solange Sie sicher sein können, dass die Ihre kein Plagiat ist, sorgen Sie sich nicht. Im Ernst. Keine

Geschichte gleicht jemals der anderen. Keine. Keine einzige. Die Wiederholung wird wahrscheinlich ohnehin nur Ihnen selbst auffallen.

In Geschichten geht es nicht um den Plot, es geht um Sprache und Rhythmus und Musik und den Stil. Wenn Sie an Ihre Geschichte glauben und sie gut schreiben, wird sie ihre Leser finden. Gute Arbeit bleibt bestehen. Machen Sie nur nicht den Fehler, eine blasse Kopie von jemand anderem zu werden. Seien Sie vorsichtig, wenn Sie Ihre Notate einbauen. Stellen Sie sicher, dass Sie es mit eigenen Worten tun. Aber vergessen wir nicht, dass auch Ihre Stimme von irgendwoher stammt und dass nichts jemals wirklich einzigartig ist. Vergleicht man Sie also mit einem anderen Autor, senken Sie errötend den Kopf und machen dankbar weiter. Und bitte, sollten Sie tatsächlich versehentlich einen Fehler gemacht und irgendwo das Echo einer Zeile aufgefangen haben, geben Sie es zu. Keine Ausreden. Kein Gestotter. Die Sprache ist groß, aber gelegentlich wiederholt sie sich einfach.

Das Einzige, was eine gute Zeile umgeben sollte, sind andere gute Zeilen. Nur so formen Sie eine eigene Stimme.

Zerschlagen Sie
diesen Spiegel

Nichts auf Fakten Beruhendes, das ich schreibe oder sage, kann jemals so wahr sein wie mein fiktives Werk.

Nadine Gordimer

Mit dem Schreiben kann man Menschen verletzen. Man kann sie sogar damit vernichten. Solange Sie sich dabei nur selbst schaden, ist es nicht so schlimm, aber wenn Sie beginnen, anderen damit weh zu tun, insbesondere denen, die Ihnen nahestehen, sollten Sie den Spiegel zerschlagen, in den Sie starren.

Hören Sie auf, über sich selbst zu schreiben. Übernehmen Sie nichts aus dem Leben von Freunden. Schreiben Sie nichts über die Leiden Ihres Vaters. Benutzen Sie den Körper Ihrer Freundin nicht zur literarischen Kartierung. Oder, bloß um einen Absatz herauszuschinden, die Neurosen Ihres

Freundes. Nehmen Sie keine Ereignisse aus dem, was manche das *reale Leben* nennen, und übertragen sie auf die Seite. Daran, die eigenen Freunde oder Angehörigen vor ihren Augen bloßzustellen, ist nichts Heldenhaftes, selbst wenn es kunstvoll gemacht sein mag.

Wenn Sie einen Roman schreiben, verlassen Sie Ihren Kopf und treten in die größere Welt hinaus. Erfinden Sie die Neurosen, die Kartographie, die Leiden. Erschaffen Sie einen neuen Vater, in dem Ihr realer Vater Platz finden kann. Ändern Sie den Namen. Das Gesicht. Die Zeit. Das Wetter. Das wird eine Befreiung sein. Danach wird Ihr Vater so erscheinen, wie er leibt und lebt, aber dank der Freiheit, in einem ganz neuen Körper aufzutreten, unerkennbar bleiben. Wahrscheinlich wird er sogar mehr Tiefe haben. Das gilt auch für Ihr eigenes Leben.

Natürlich gibt es beachtenswerte Ausnahmen. Vielleicht sind Sie Journalist. Vielleicht Sozialhistoriker. Vielleicht sind Sie Karl Ove Knausgård. Vielleicht sind Sie einer dieser Dichter, die glauben, ihr Leben sei dazu da, dass man darüber schreibe. Vielleicht nehmen Sie sich wichtiger, als Sie sind. Aber warum die eigene Familie ausbeuten, wenn es in Ihrer Macht steht, daneben eine ganz neue zu erschaffen?

Und erwarten Sie nicht – nicht einmal in der Belletristik –, dass Dinge, die Sie beschreiben, schon deshalb wahr sind, weil sie sich tatsächlich ereignet haben. Das ist keine zureichende Legitimation. Diese Dinge müssen auf der Seite geschehen. Mit Hilfe des Rhythmus. Mit Hilfe des Stils. Mit Hilfe einer leidenschaftlichen Ehrlichkeit, die der Erfahrung gerecht wird, nicht den Fakten.

Alles Geschriebene ist Imagination. Es erschafft Dinge aus Staub. Selbst bei dem, was man sich entschieden hat, *Sach*texte zu nennen. Am Ende dient das Imaginieren dazu, die Erinnerung zu formen. Machen Sie sich das zunutze. Wir reden hier von einer Verantwortlichkeit gegenüber der Freiheit. Es geht nicht um Vermeidung. Es geht um eine viel tiefere Wahrheit, die bereits in Ihnen angelegt ist, die Sie aber vielleicht noch nicht als solche anerkannt haben.

Sobald Sie aufhören, über sich selbst zu schreiben, werden Sie sich befreit fühlen. Alles, was Sie wissen, wird in dem zusammenkommen, was Sie imaginiert haben. Ihre Figuren werden viel wahrer sein, wenn Ihr kreativer Wille sie befreit hat.

Wenn Sie vermeintlich von sich absehen, werden Sie zum großen Paradoxon gelangen: nämlich, dass Sie sich selbst als Figur verwirklicht haben. Dann sind Sie auch der Einzige, dem Sie schaden könnten oder sollten.

Von diesem Punkt an können Sie wirklich Neues erschaffen.

Die schwarzen Hunde
der Psyche

Ich habe noch keine Droge gefunden, die dich
annähernd so high macht wie am Schreibtisch zu
sitzen und zu schreiben.

Hunter S. Thompson

Depressionen sind ein Berufsrisiko, junge Autorin, junger Autor. Aber schwelgen Sie nicht darin. Lassen Sie sich nicht von der Verzweiflung das
Leben austreiben. Lassen Sie sich nicht ins Aspik
der Schwermut einlegen. Wenn Sie lange genug in
den Abgrund starren, starrt er aus Ihnen heraus.
Das nicht kritisch untersuchte Leben mag es nicht
wert sein, gelebt zu werden, aber das im Übermaß
untersuchte kann die Seele zerstören.

Also entziehen Sie sich nicht Ihrer Verantwortung, Bedeutung zu finden, egal wie dunkel. Alle
guten Bücher handeln auf die eine oder andere

Weise vom Tod. Feiern Sie ihn. Finden Sie heraus, wo er auf das Leben trifft.

Lassen Sie sich durch Akte der Imagination neu beleben. Schreiben Sie, um Abstand zu Trauer und Leiden zu gewinnen. Schreiben Sie, damit die Welt nicht über Ihnen zusammenfällt. Schreiben Sie, damit Sie sich irgendwann neue Wege erschließen. Ich möchte mit alldem nicht die Gefahren von Depressionen kleinreden oder gar leugnen. Natürlich kommen ernsthafte Depressionen vor. Depressiven Verstimmungen jedoch sollten Sie sich bitte nicht vollkommen ausliefern. Graben Sie Ihre Figuren aus dem Eis, mit dem Ihre Lebensrealität sie umschlossen hat. Dadurch werden Sie zuvörderst auch sich selbst befreien.

Schreiben Sie sich
ein Glaubensbekenntnis

> Es gibt kein schlimmeres Leid, als eine unerzählte
> Geschichte in sich herumzutragen.
>
> *Zora Neale Hurston*

Setzen Sie sich hin – jetzt gleich! Sofort! – und
schreiben sich ein Glaubensbekenntnis*. An was
glauben Sie? Was wollen Sie mit dem Schreiben

* Ein Glaubensbekenntnis, 2017: An gewissen Punkten
der Geschichte ist nur das Poetische in der Lage, der
brutalen Realität Paroli zu bieten. Sie gelangen an die
Schnittstelle dieser beiden Kräfte – Realität und Fiktion – und entscheiden, wie es weitergehen soll. Da stehen Sie, an der Bruchkante zweier tektonischer Platten.
Was Sie nun tun müssen, ist, sich nicht mehr um die
Fakten zu kümmern. Auch nicht um die Zahlen. Gebie-
ten Sie den Vereinfachungen Einhalt. Übertönen Sie die
rhetorischen Floskeln. Versenken Sie sich stattdessen in
die Sprache. Stemmen Sie sich gegen den Abgrund.

erreichen? Wen wollen Sie ansprechen? Wie ist Ihre Beziehung zur Sprache? Wie, wenn überhaupt, wollen Sie die Welt verändert sehen? Hören Sie nicht auf zu lernen, was Sie lernen wollen. Versuchen Sie sich in unterschiedlichen Phasen Ihrer Entwicklung an einem Glaubensbekenntnis, vielleicht sogar jedes Jahr oder zumindest alle fünf Jahre. Heben Sie sie zusammen auf. Sehen Sie zu, wie Sie sich entwickeln – oder auch nicht. Und wenn nicht, warum nicht? Warum nicht? Das ist wiederum ein eigenes Glaubensbekenntnis.

Die Bus-Theorie

> Sie müssen schreiben, als hinge das Schicksal der
> Welt davon ab.
>
> *Aleksandar Hemon*

Vielleicht ist das beste Mittel, die wahre Bedeutung
dessen, was Sie tun, zu ermessen, die Bus-Theorie.
Sie wachen am Morgen auf. Sie setzen sich an Ihren
Arbeitsplatz. Sie konzentrieren sich. Sie graben sich
voran. Sie erschaffen.

Am Ende des Arbeitstages — ob er nun eine
Stunde, einen Vormittag oder den lieben langen
Tag dauert — gehen Sie hinaus in die Welt. Auf
der Straße gleitet der Verkehr vorbei. Die Welt ist
wie immer. Sie laborieren weiter an Ihren stillen
Sätzen. Etwas abgelenkt treten Sie vom Bordstein.
Plötzlich ein scharfer Luftzug, lautes Gehupe,
Dieselqualm, ein Schrei. Der Bus verpasst Sie um
Zentimeter. Weniger als das. Um einen Wimpern-
schlag. Nicht, dass jetzt Ihr ganzes Leben vor Ihnen

abliefe, aber Ihr Roman tut es, Ihr Gedicht, Ihre Geschichte. Sie springen auf den Gehsteig zurück und schnappen nach Luft. Sie wissen, so wie jedermann das weiß, dass Sie niemals von einem Bus überfahren werden wollen, aber wenn es Sie schon treffen *muss* – wenn das Schicksal es so *will* –, dann muss der Bus zumindest so lange warten, bis Ihr Buch fertig ist. *Wenn ich denn abtreten soll, o Herr, so erweise mir den Respekt, mich meinen letzten Satz zu Ende bringen zu lassen.*

Diese Bus-Theorie – man könnte sie auch Theorie der Bestimmung nennen – wird Ihnen helfen, morgens aufzustehen. Sie beweist, was Ihr Kampf wert ist. Auf die Arbeit kommt es an. Die Geschichte muss erzählt werden.

Der Tod ist keine Option, zumindest vorläufig.

Warum Geschichten erzählen?

> Geschichtenerzählen ist eine Flucht aus dem Gefängnis des Selbst, und es führt zum ultimativen Abenteuer: das Leben mit den Augen eines anderen zu betrachten.
>
> *Tobias Wolff*

Warum erzählen wir Geschichten? Warum haben wir ein tief empfundenes Bedürfnis, anderen sowohl Wahres als auch Erfundenes zu *erzählen*? Warum müssen wir uns über den Tisch, über die Feuerstelle oder über die fabelhaft verflochtenen Drähte des Internet beugen und «Hört zu» flüstern? Das tun wir, weil wir die reale Welt satthaben und etwas erschaffen wollen, was noch nicht da ist.

Geschichten und Gedichte erschaffen etwas, das noch nicht existiert. Einem aus der Phantasie gesponnenen Satz wohnt machtvoll das Neue inne. Literatur wirft Möglichkeiten auf und schafft daraus Wahrheiten. Das Geschichtenerzählen liefert uns den deutlichsten Beweis dafür, dass wir am Leben sind.

Der Begriff «Fiktion» bedeutet Gestaltung, Formung. Er leitet sich vom lateinischen *fictio* her, das dazugehörige Verb lautet *fingere*, das Partizip Perfekt *fictus*. Es heißt nicht (unbedingt) lügen oder erfinden. Es heißt nicht, dass Fiktionales nichts Wahres enthält. Es nimmt das, was bereits da ist, und gibt ihm eine neue Form.

Literatur kann eine Stütze oder ein Halt gegen die Verzweiflung sein. Ist das ausreichend? Natürlich nicht, aber es ist alles, was wir haben.

Gehen Sie
auf die Kritiker zu

Die einzige Verpflichtung, die wir der Geschichte gegenüber haben, ist, sie umzuschreiben.

Oscar Wilde

Gehen Sie auf die Kritiker zu, insbesondere auf den Idioten, der Sie am tiefsten verletzt hat. Schmoren Sie nicht im eigenen Saft. Schlagen Sie nicht um sich. Machen Sie ihn nicht hinter seinem Rücken schlecht. Gehen Sie zu ihm hin, wenn Sie ihm in der Bar oder im Café begegnen. Laden Sie ihn auf einen Drink ein. Sehen Sie zu, wie er daran nippt. Nippen Sie an Ihrem. Danken Sie ihm für seine Rezension. Registrieren Sie seine Überraschung. Machen Sie eine kleine Pause, und dann sagen Sie – ohne die Miene zu verziehen –, das sei die miserabelst geschriebene Rezension gewesen, die Sie seit Ewigkeiten gelesen hätten. Sagen Sie das ohne Zorn. Entfernen Sie sich dann nicht. Halten

Sie seinem Blick stand. Finden Sie heraus, ob er Sinn für Humor hat. Wenn er Sie versteht und seinerseits bleibt, ist er vielleicht der Kritiker, den Sie brauchen. Lesen Sie seine Rezension noch einmal: Womöglich hat er Ihnen etwas Wichtiges zu sagen.

Gelegentlich gibt es nichts Besseres, als dass jemand Ihre Arbeit auseinandernimmt. Trotzdem lautet die Grundregel: Glauben Sie keiner Kritik, ob gut oder schlecht, doch vor allem nicht den guten. Es ist nämlich so, dass Sie, wenn Sie den guten Dingen Glauben schenken, logischerweise auch die schlechten glauben müssen.

Versuchen Sie es zu vermeiden, selbst zum Rezensenten zu werden. Einige Autoren schlagen sich als Kritiker ganz wacker, aber Sie werden damit zwangsläufig jemandem wehtun. Überlassen Sie das Rezensieren den Kritikern.

Am Ende rät man vielleicht am besten dies: Lassen Sie sich nichts gefallen, wenn Sie irgendeinen Einfluss darauf haben, denn in Wahrheit sind wahrscheinlich Sie selbst die größte Zumutung für sich. Seien Sie also bescheiden. Seien Sie offen für Selbstkritik. Gelegentlich müssen wir einfach auf uns selbst zugehen und der Hackfresse einen Drink ausgeben.

Seien Sie am Ende erschöpft

> Wenn ein Leser sich in ein Buch verliebt, hinterlässt es in ihm seine Essenz, wie radioaktiver Niederschlag auf einem fruchtbaren Feld, und danach werden bestimmte Früchte nicht mehr dort wachsen, während gelegentlich andere, fremdartigere, phantastischere in ihm aufblühen werden.
>
> *Salman Rushdie*

Wenn Sie Ihre Geschichte beenden, sollten Sie erschöpft sein. Sie sollten sich so fühlen, als hätten Sie sich völlig verausgabt und nichts mehr zu geben. Sie sollten sich anzweifeln. Sie sollten davon überzeugt sein, dass Sie ein Scharlatan sind. Sie sollten wissen, dass alles, was Sie an Gutem geschrieben haben, vollkommen zufällig entstanden ist. Sie sollten sich sicher sein, dass Sie so etwas nie wieder hinkriegen werden. Sie sollten keine Ahnung haben, wie Sie dort hingekommen sind oder ob Sie so etwas je wieder tun werden. In der

Tat sollten Sie davon überzeugt sein, dass Sie es nie wieder tun werden.

Diese Erschöpfung ist der feierlichste Moment: denn nun wissen Sie, dass Sie so gut wie fertig sind.

Ihre letzte Zeile

Wenn uns die Welt um uns herum nicht ab und zu
verblüfft, aus der Fassung bringt und überwältigt,
sodass wir sprachlos und wie betäubt dastehen,
passen wir vielleicht nur nicht genügend auf.

Ben Marcus

Gogol sagte, die letzte Zeile einer jeden Geschichte
laute: «Und nichts würde jemals wieder sein wie
zuvor.» Nichts im Leben beginnt allein an einem
Ort, und nichts kommt jemals wirklich zum Ende.
Geschichten hingegen müssen zumindest so tun.

Binden Sie nicht alles zu sauber ab. Verlangen
Sie nicht zu viel von sich. Oft endet die Geschichte
eigentlich schon mehrere Absätze vor dem Schluss-
satz, also machen Sie Gebrauch vom Rotstift. Drucken Sie mehrere Versionen des letzten Satzes aus
und setzen Sie sich mit ihnen irgendwohin. Gehen
Sie wieder zu Ihrer Parkbank. Lassen Sie die Stille
auf sich wirken. Lesen Sie jede einzelne Version

mehrmals. Entscheiden Sie sich für diejenige, die zugleich wahr und ein bisschen rätselhaft klingt. Nageln Sie ans Ende der Geschichte nicht noch die Bedeutung dran. Und fangen Sie nicht auf den letzten Metern an zu moralisieren. Predigen Sie kein abschließendes Halleluja. Bauen Sie darauf, dass der Leser bereits eine lange Reise mit Ihnen hinter sich hat. Er weiß, wo er gewesen ist. Er weiß, was er gelernt hat. Er weiß, dass das Leben dunkel ist. Sie brauchen ihm nicht in letzter Minute heimzuleuchten.

Sie wollen, dass der Leser sich erinnert. Sie wollen, dass er verändert ist. Oder, besser noch, sich nunmehr ändern will.

Versuchen Sie, wenn möglich, mit etwas Konkretem zu schließen, mit Handlung, mit Bewegung, um den Leser weiterzuführen. Vergessen Sie nie, dass eine Geschichte lange vor dem Anfang beginnt und lange nach dem Schluss endet. Erlauben Sie dem Leser, von Ihrer letzten Zeile direkt in die Welt seiner Phantasie einzutreten. Schmücken Sie sie also mit Schönheit und Bedeutung. Das ist das wahre Geschenk des Schreibens: Es gehört Ihnen nicht mehr. Es gehört ins Anderswo. Es ist der Ort, den Sie erschaffen haben. Erschüttern Sie die Weltsicht Ihrer Leser. Bringen Sie Welten zusammen. Bringen Sie Worte zusammen.

Ihre letzte Zeile ist für alle anderen die erste.

Brief an einen jungen Autor, noch einmal

Das ist das Geheimnis am Schreiben: Es entsteht aus der Not heraus, in zerrissenen Zeiten, wenn das Herz aufgeschnitten wird.

Edna O'Brien

Junge Autorin, junger Autor, ist uns die Leidenschaft für unsere Berufung geraubt worden? Oft scheint es, als läge die Krise unserer Epoche darin begründet, dass wir uns den Zeitumständen, der Herrschaft von Politikern, Bürokraten, Hedgefonds-Managern und anderen Trägern zugeknöpfter Hemden sprachlos unterwerfen. Wir lassen uns mit unserer zeitgemäßen Lieblingsdroge kaufen: Bequemlichkeit. Zugleich laufen zu unseren Füßen die wirrsten gesellschaftlichen Skandale ab. Politische Parteien kündigen den Bau von Mauern an. Universitäten investieren in fossile Brennstoffe. Konzerne feiern sich, während

Scheiterhaufen brennen. Das Problem mit einem Großteil unserer Realität ist, dass sie sich auf einer zweidimensionalen Oberfläche, einem Bildschirm, abspielt und die konturierte Welt, in der wir leben, nicht erreicht. Stehen Sie also vom Sofa auf. Gehen Sie hinaus. Setzen Sie sich vor die Seite. All dies hier ist nutzlos, wenn es bei aufmunternden Worten bleibt. Ihre Worte sind kein Trostpreis. Begründen Sie Ihren Zorn. Finden Sie Gefallen am Wagemut Ihrer Phantasie. So vieles von dem, was heutzutage geschrieben wird, scheint unter einer reduzierten moralischen Autorität zu leiden, nicht nur im Kopf des Lesers, sondern auch im Kopf und letztlich in der Sprache der Autoren. Schreiben ist nicht mehr Teil unseres nationalen Selbstbilds. Wir bauen nicht mehr so auf unsere Schriftsteller wie noch vor Jahrzehnten. Niemand fürchtet das, was wir zu sagen haben. Warum? Wir haben unsere Stimmen um den Preis der Bequemlichkeit entwerten lassen. Unser moralischer Kompass steht schief. Wir haben der Tendenz, uns kaltzustellen, Vorschub geleistet. Wir leben in einer Kultur, in der alles sauber vermessen ist. Wir haben uns zu Tode GPS-t. Wir haben vergessen, wie man sich anständig verirrt. Das ist nicht einfach so dahergesagt, und Ihre Antwort darauf sollte es auch nicht sein. Also stellen Sie sich der Herausforderung. Vergessen Sie nie, dass Schreiben die Freiheit ist, sich gegen die Macht auszusprechen. Es ist eine Form des gewaltlosen Engagements und des zivilen Ungehorsams. Wir Schriftsteller müssen außerhalb der Gesellschaft stehen, jenseits von Nötigung, Einschüchterung, Grausamkeit und Zwang. Wo die Macht vereinfachen will, sollten Sie problematisieren. Wo die Macht moralisieren will, sollten Sie Kritik üben. Wo die Macht mit Einschüchterung arbeiten will, sollten Sie ihr entgegentreten. Das Erstaunliche an einem gut geschriebenen Text ist, dass er es fertigbringt, den Finger in die Wunde zu legen, ohne jemandem Gewalt anzutun. Mit seiner Hilfe kann man den Schmerz nachfühlen, ohne ihn zu erleiden oder zu verherrlichen. Das Schreiben erlaubt die Simulation von Schmerz, während es uns zugleich zwingt, erwachsen zu werden und unsere Dämonen zu erkennen. Wir erhalten den Stromschlag des Leidens, können uns aber davon erholen. Es werden Narben bleiben, aber eben nur das: Narben. Wir müssen verstehen, dass die Sprache eine Macht ist, egal wie oft uns die Macht die Sprache zu entziehen versucht. Wollen Sie Ihre Feinde kennenlernen? Dann lesen Sie ihre Bücher. Schauen Sie sich ihre Stücke an. Befassen Sie sich mit ihrer Lyrik. Versuchen Sie, in ihr Herz vorzudringen. Der Missstand, den Sie kennen, ist so viel besser als der unbekannte. Der Impuls, Wissen erwerben zu wollen, entsteht aus der Begegnung mit den vielfältigen, komplexen Schattierungen der Welt. Seien Sie sich bewusst, gegen was Sie anschreiben. Stehen Sie dagegen auf. Nehmen Sie zur Kenntnis, dass Sie der Narr sein können müssen, um ein Held zu werden. Ach, armer Yorrick, armer Bürger, armer Falstaff, die Heldenrolle wirkt oft lächerlich, aber die Besten sind gewillt, sie dennoch zu spielen. Gegen den Krieg. Gegen die Gier. Gegen Mauern. Gegen die Vereinfachung. Gegen dümmliche Ignoranz. Der Narr sollte die Wahrheit sprechen, auch wenn − vielleicht insbesondere wenn − sie unpopulär ist. Seien Sie nicht gehemmt. Geben Sie nicht auf. Lassen Sie sich nicht den Mund verbieten. Stehen Sie außerhalb der Dinge. Werden Sie gefährlicher. Sorgen Sie dafür, dass man Ihren Biss fürchtet. Werten Sie wieder auf, was andere in den Schmutz gezogen haben. Lassen Sie nicht zu, dass die Leidenschaft Ihrer Berufung lächerlich gemacht wird. Erheben Sie Ihre Stimme zugunsten derer, die nicht mehr gehört werden. Erlauben Sie den Neidern nicht, Sie nutzlos zu machen. Schätzen Sie den Zyniker. Ja, loben Sie ihn sogar. Er ist nützlich. Er ist einer, dem Sie noch etwas beibringen können. Drücken Sie sich nicht vor dem Engagement. Sie müssen von dem Schmutz, der Armut, der Ungerechtigkeit und den tausend anderen täglichen Qualen sprechen. Sie müssen, egal wie bitter es schmeckt, vom Leben sprechen. Das, was wir schreiben, ist ein lebendiges Zeugnis unserer selbst. Gute Sätze sind in der Lage, uns zu schockieren, uns zu verführen und uns aus unserer Lähmung zu befreien. Seien Sie, was ein Diamant für Glas ist. Kratzen Sie Ihre Spur hinein. Transformieren Sie, was Sie gesehen haben. Ermessen Sie in Ihrer Phantasie die Grenzenlosigkeit der Erfahrung. Bekämpfen Sie die Grausamkeit. Brechen Sie das Schweigen. Seien Sie bereit, ins Risiko zu gehen. Verbreiten Sie Glanz. Rechnen Sie mit Schmähungen. Nehmen Sie Schwierigkeiten in Kauf. Arbeiten Sie hart. Finden Sie sich damit ab, dass Sie vor dem Frühstück kein Meisterwerk schreiben werden. Ihr Gesang wird Sie einen Preis kosten. Seien Sie bereit, ihn zu zahlen. Schreiben Sie, junge Autorin, junger Autor, schreiben Sie. Erheben Sie Anspruch auf eine vernünftige Zukunft. Finden Sie die Sprache dafür. Schreiben Sie schon wegen des Vergnügens, das wir im Schreiben finden, aber auch um des Wissens willen, dass es diese unsere Welt ein bisschen verändern könnte. Schließlich ist sie ein schöner, seltsamer und wilder Ort. Literatur erinnert uns daran, dass das Leben nicht schon festgelegt ist. Die Möglichkeiten sind immer noch unendlich. Destillieren Sie aus Ihrer Konfrontation mit der Verzweiflung ein winziges bisschen Schönheit. Je mehr Sie sehen wollen, desto mehr werden Sie sehen. Am Ende sind die einzigen Dinge, die es wert sind, getan zu werden, jene, die Ihnen das Herz brechen könnten. Toben Sie weiter.

Herzlichst, Ihr
Colum McCann

Quellen und Lesefutter

S. 11   Rainer Maria Rilke, *Briefe an einen jungen Dichter*, Leipzig 1929.

S. 18   Rainer Maria Rilke, «Ich lebe mein Leben in wachsenden Ringen», in: *Das Stundenbuch*, Leipzig 1905.

S. 22   William Somerset Maugham. Angeblich aus einem Vortrag vor Studenten eines Literaturseminars, Quelle unbekannt.

S. 24   Michael Ondaatje, *In der Haut eines Löwen*, München 1987. Deutsch von Peter Torberg.

S. 27   Nathan Englander, «The Rumpus Interview with Colum McCann», *The Rumpus*, 4.6.2013.

S. 29   Kurt Vonnegut, *Schlachthof 5 oder Der Kinderkreuzzug*, Hamburg 1970. Deutsch von Kurt Wagenseil.

S. 30   Maggie Nelson, *The Argonauts*, St. Paul / Minneapolis 2015.

S. 34   John Berger, *Sehen. Das Bild der Welt in der Bilderwelt*, Reinbek 1974. Deutsch von Axel Schenck.

S. 37   Anne Lamott, *Wort für Wort. Anleitungen zum*

Schreiben und Leben, Berlin 2004. Deutsch von Kerstin Winter.

S. 40 Gabriel García Márquez, *Strange Pilgrims*, New York 1994.

S. 46 Zadie Smith, «10 Rules for Writers», in: *The Guardian*, 22. 2. 2010.

S. 51 Anaïs Nin, *Die Tagebücher 1947–1955*, München 1978. Deutsch von Manfred Ohl und Hans Sartorius.

S. 53 Joseph Campbell, Interview in «The Power of Myth», US-TV-Dokumentation, 1988.

S. 56 Peter Carey, *Oscar und Lucinda*, Stuttgart 1991. Deutsch von Dirk van Gunsteren.

S. 60 Truman Capote, *Conversations*, Jackson 1987.

S. 63 William Faulkner, Interview mit Jean Stein, in: *The Paris Review*, 1956.

S. 68 Jorge Luis Borges, *Inquisitionen*, Frankfurt / Main 1992. Deutsch von Karl August Horst und Gisbert Haefs.

S. 75 Stephen King, «How to Write. Point of View», in: *The Guardian*, 20. 9. 2008.

S. 78 Théophile Gautier, *Über das Schöne in der Kunst*, Siegen 2011. Deutsch von Wolfgang Drost und Ulrike Riechers.

S. 79 Joachim Sartorius, *Der Mann mit dem roten Handkarren. Über William Carlos Williams*, München 1987.

S. 81   Aldous Huxley, *Die Pforten der Wahrnehmung*, München 1974. Deutsch von Herberth E. Herlitschka.

S. 85   Frank Budgen, *James Joyce und die Entstehung des ‹Ulysses›*, Frankfurt / Main 1977. Deutsch von Werner Morlang.

S. 88   Terry Tempest Williams, *Finding Beauty in a Broken World*, New York 2008.

S. 89   Milan Kundera, *Die Kunst des Romans*, München 2007. Deutsch von Uli Aumüller.

S. 93   Lorrie Moore, «Es gibt nur solche Leute hier: Kanonisches Plappern aus der Kinderonkologie», in: *Was man von einigen Leuten nicht behaupten kann. Stories*, Berlin 2000. Deutsch von Frank Heibert.

S. 96   Aus: Leon Edel, *Henry James: A Life, vol V: The Master 1901–1916*, Upper Saddle River, 1972.

S. 100 Ernest Hemingway, Brief an John Dos Passos, in: Carlos Baker, *Glücklich wie die Könige. Ausgewählte Briefe 1917–1961*, Reinbek bei Hamburg 1987. Deutsch von Werner Schmitz.

S. 102 Samuel Beckett, *Worstward ho. Aufs Schlimmste zu*, Frankfurt / Main 1983. Deutsch von Erika Tophoven.

S. 104 Téa Obreht, Text hier erstmals publiziert.

S. 111 David Foster Wallace, in: D. T. Max, *Jede Liebesgeschichte ist eine Geistergeschichte. David Foster*

Wallace. Ein Leben, Köln 2014. Deutsch von Eva Kemper.

S. 111 Friedrich Wilhelm Nietzsche, *Der Wille zur Macht*, Leipzig 1922.

S. 113 Seamus Heaney, *Verteidigung der Poesie*, München 1996. Deutsch von Giovanni Bandini und Ditte König.

S. 114 Raymond Carver, «Über ‹Von wo ich anrufe›, in: *Call if you need me. Erzählungen und Essays*, Frankfurt / Main 2013. Deutsch von Manfred Allié und Gabriele Kempf-Allié.

S. 116 Annie Dillard, *Ich schreibe*, Wien 1998. Deutsch von Henning Ahrens.

S. 120 Flannery O'Connor, «The Nature and Aim of Fiction», in: *Mystery and Manners: Occasional Prose*, New York 1970.

S. 123 John Cheever, in: *Christian Science Monitor*, 24. 10. 1979.

S. 125 E. B. White, «What Am I Saying To My Readers?» *The New York Times*, 14. 5. 1961.

S. 127 André Gide, *Die Falschmünzer*, Stuttgart 1993. Deutsch von Christine Stemmermann.

S. 130 E. L. Doctorow, Quelle unbekannt.

S. 132 Robert E. DeMott (Hg.), *Conversations with Jim Harrison*, Jackson 2002.

S. 133 Geoff Dyer, «Ten Rules for Writing Fiction», in: *The Guardian*, 20. 2. 2010.

S. 137 Benjamin Disraeli, Standardantwort auf unverlangte Manuskripteinsendungen, zitiert nach Matthew Parris, *Scorn*, London 2015.

S. 142 Virginia Woolf, *Ein eigenes Zimmer*, Frankfurt / Main 2001. Deutsch von Heidi Zerning.

S. 144 Edward Abbey, *A Voice Crying in the Wilderness. Notes from a Secret Journey.* Santa Fe 1989.

S. 148 Teju Cole, *Open City*, Berlin 2012. Deutsch von Christine Richter-Nilsson.

S. 152 Edward Albee, Interview, in: *Dramatics Magazine*, 1989.

S. 155 Nadine Gordimer, Nobelpreisrede, in: *Schreiben und Sein. Essays*, Berlin 1999. Deutsch von Friederike Kuhn.

S. 159 Hunter S. Thompson, Interview mit William McKeen, 1990, in: *Conversations with Hunter S. Thompson*, hg. von Beef Torrey und Kevin Simonson, Boston 1991.

S. 161 Zora Neale Hurston, *Ich mag mich, wenn ich lache. Autobiographie*, Zürich 2000. Deutsch von Barbara Henniges.

S. 163 Aleksandar Hemon, Text hier erstmals publiziert.

S. 165 Tobias Wolff, Text hier erstmals publiziert.

S. 167 Oscar Wilde, *Die Wahrheit von Masken. Der Kritiker als Künstler*, Hamburg 2013. Deutsch von Joachim Bartholomae und Volker Oldenburg.

S. 169   Salman Rushdie, «Books vs. Goons», in: *L. A. Times*, 24. 4. 2005.

S. 171   Ben Marcus (Hg.), *New American Stories*, New York 2015.

S. 174   Edna O'Brien, *Die Fünfzehnjährigen*, Hamburg 1961. Deutsch von Jeannie Ebner.

Alle nicht namentlich gekennzeichneten Übertragungen stammen vom Übersetzer dieses Buches.

Das Foto auf Seite 100 stammt von Alex Ehrenzweig, 1915.

Weitere Titel von Colum McCann

Colum McCann
Transatlantik

Dublin, 1845: Der amerikanische Abolitionist Douglass reist durch das von Hungersnot gepeinigte Irland.

Neufundland, 1919: Die beiden Flieger Alcock und Brown unternehmen den ersten Nonstopflug über den Atlantik nach Irland.

New York, 1998: US-Senator Mitchell verlässt seine junge Frau und sein neugeborenes Kind, um die Friedensgespräche in Belfast zu einem unsicheren Abschluss zu führen.

«Transatlantik» verwebt drei historische Momente mit dem Schicksal dreier Frauen: Angefangen bei der irischen Hausmagd Lily Duggan, die auf Douglass trifft, folgt der Roman Tochter Emily und Enkelin Lottie in die USA und, später, zurück auf die Insel.

Ein großer Roman über das Leben zwischen zwei Kontinenten, über die Zeit und ihre Vergänglichkeit, über die Geschichte und über den Zusammenhalt der Generationen.

384 Seiten

«McCanns Roman gehört zu den großen Romanen, in denen man versinkt, ohne genau zu wissen, warum. Seine Sprache ist meisterhaft und hat eine magische Sogwirkung.»

NDR Kultur

Weitere Informationen finden Sie unter www.rowohlt.de

Ro 338/1